国家自然科学基金项目（41571116）
上海市高校085工程项目
中央高校基本科研业务费专项资金项目（10SSXT118)联合资助

新型城镇化背景下的
东北地区城镇化质量评价研究

Research on Evaluation of the Quality of Urbanization in
Northeast China in the Context of New Urbanization

◆ 梁振民／著

经济科学出版社
Economic Science Press

图书在版编目（CIP）数据

新型城镇化背景下的东北地区城镇化质量评价研究/
梁振民著. —北京：经济科学出版社，2016.1
　ISBN 978 - 7 - 5141 - 6583 - 8

　Ⅰ.①新…　Ⅱ.①梁…　Ⅲ.①城市化 - 研究 - 东北地
区　Ⅳ.①F299.23

中国版本图书馆 CIP 数据核字（2016）第 023961 号

责任编辑：王柳松
责任校对：王苗苗
版式设计：齐　杰
责任印制：邱　天

新型城镇化背景下的东北地区城镇化质量评价研究

梁振民　著

经济科学出版社出版、发行　新华书店经销

社址：北京市海淀区阜成路甲 28 号　邮编：100142

总编部电话：010 - 88191217　发行部电话：010 - 88191522

网址：www. esp. com. cn

电子邮件：esp@ esp. com. cn

天猫网店：经济科学出版社旗舰店

网址：http://jjkxcbs. tmall. com

北京万友印刷有限公司印装

710 × 1000　16 开　11.5 印张　205000 字

2016 年 1 月第 1 版　2016 年 1 月第 1 次印刷

ISBN 978 - 7 - 5141 - 6583 - 8　定价：35.00 元

序 言

　　2012 年，在党的十八大报告中，明确提出走中国特色的新型工业化、信息化、城镇化、农业现代化道路。2013 年 12 月，在中央城镇化工作会议上进一步强调"走中国特色、科学发展的新型城镇化道路"。2014 年 3 月，《国家新型城镇化规划（2014～2020 年)》正式发布，为城市建设和经济发展指明了风向标，说明新型城镇化道路已经成为时代发展的主题和经济增长的巨大引擎，要求中国特色城镇化理论体系不断丰富与拓展。新型城镇化是一项复杂的系统工程，核心是坚持以人为本，关键是提高城镇化质量，目的是实现城乡一体化。要想健康、有序地推进新型城镇化进程，必须在理论层面有一个新的认识，将新型城镇化的理论研究上升到一个新的高度。

　　改革开放 30 年来，东北老工业基地的城镇化取得了重要成果，但受传统计划经济的影响出现了"东北现象"等问题，诸如城乡二元结构比较突出、中心城市辐射带动作用不强，资源型城市资源枯竭，外向型经济发展滞后，资源环境遭到严重破坏等问题，导致中国东北地区与东部沿海地区的城镇化质量有着较大的差距。2013 年，国家批复《东北老工业基地振兴规划》指出，东北地区走新型城镇化道路，促进资源环境的可持续发展，进一步提升城镇化质量，让东北地区走上和谐、有序的新型城镇化道路，是东北地区各级政府面临的一项重大而紧迫的任务。

该书中，梁振民博士以区域经济地理学条件论、经济地域运动理论、可持续发展理论和系统论等为基础，对传统城镇化与新型城镇化的内涵进行了对比，深入地探讨了城镇化质量的内涵与特征，归纳和总结了国外城镇化发展的经验，梳理了中国城镇化道路上出现的各种矛盾与问题，进而提出了中国新型城镇化的价值取向，为新型城镇化健康、有序发展指明了方向。从社会、经济、空间三个维度构建评价指标体系，建立评价模型，从全国和区域的两个层面对东北地区的城镇化质量进行了测度与评价，分析了东北地区的城镇化质量的地域层级特征与形成机理。在此基础上，针对东北地区的城镇化发展趋势和面临的问题，提出了科学、合理的调控策略。

梁振民博士在撰写本书期间，秉持地理学科的实地调研的研究风格，多次到东北三省及蒙东地区的各级政府咨询与调研，在获得第一手资料以后，对东北地区城镇化的现状和存在的问题有着深入的认识与理解，最终完成了一部观点新颖、内容丰富、见解精辟的著作。该书能够做到理论联系实际，论证资料翔实，对东北地区城镇化发展模式进行了提炼与升华。从该书中可以体会到，作者能够清楚地把握东北地区城镇化发展的脉络和识别存在的问题，具有独到的见解，是一本可用于理论学习和指导城镇化发展的经典之作。本书的出版，无论是对于从事城镇化理论与实践问题的研究人员，还是对于政府的决策者都具有重要的参考价值。

愿新型城镇化的研究能够在理论和实践的衔接上取得更多优秀的成果，相信本书的出版对促进东北地区形成一条速度适中、高质量、内涵式、利于可持续发展的城镇化发展道路将大有裨益。

　　是为序。

陈　才

东北师范大学荣誉教授，博士生导师

2015 年 11 月

前 言

改革开放以来，中国正经历了非常快速的城镇化进程。在过去城镇化的道路上，中国城镇化取得了不朽的成绩，但仍存在着许多问题。因此，促进城镇化健康发展对中国未来发展的意义重大，也影响着全球经济的发展格局。基于此，本书以新型城镇化为背景，运用区域经济地理学、城市地理学和其他相关理论，深入探讨了城镇化质量的内涵与特征，对比分析了传统城镇化与新型城镇化的内涵；归纳和梳理了国外城镇化发展经验和中国城镇化道路上出现的矛盾与问题，提出新型城镇化发展的价值取向；本书以东北地区为例，从社会、经济、空间三个维度构建评价指标体系，选取评价模型，从全国和区域两个层面对东北地区城镇化质量进行测度与评价，分析其存在的差距，并对东北地区的城镇化质量划分地域层级，分析城镇化质量的层级特征与形成机理；在此基础上，针对东北地区城镇化的发展趋势和面临的问题，提出了科学合理的调控策略，以实现高质量、内涵式、可持续发展的城镇化道路。为东北地区各级政府正确认识城镇发展品质，准确定位城市走向，提供更多的参考依据。

全书共分为八章：

绪论介绍了本书的研究背景，国内外研究进展，本书的研究内容、研究方法和技术路线。

第一章，城镇化的概念与相关理论。

该章辨析了城镇化与城市化的相关概念。论述了新型城镇化与传统城镇化的区别与联系，对城镇化质量的概念重新界定。同时，阐述了区域经济地理学条件论、经济地域运动理论、区域空间结构理论、城市发展阶段理论、系统论、可持续发展理论，为本书的研究提供理论支撑。

第二章，城镇化发展价值取向分析。

该章论述了城镇化价值取向提出的意义，从过程与结果、速度与质量等角度分析了中国城镇化进程中存在的问题，以此为启示，提出中国城镇化发展的价值取向。

第三章，东北地区城镇化发展的历史过程。

该章主要回顾了近代、新中国成立以后东北地区城镇化发展的历史过程，分析不同时期东北地区城市发展的类型、特征，最后，阐述了目前东北地区城镇化取得的成效与存在的问题。

第四章，东北地区城镇化质量的测度与评价。该章从社会、经济和空间三个维度构建城镇化质量的评价指标体系，从区域和全国两个层面对东北地区的城镇化质量进行测度，按照相关评价标准，对东北地区的城镇化质量进行综合评价，分析其存在的问题。

第五章，东北地区城镇化质量的层级划分与形成机理。

该章运用聚类分析法将城镇化发展质量划分为四个层级，即核心城市区、周边城市区、外围城市区、边缘城市区。分析每个层级的具体特征，并从经济地理学角度分析层级产生的动力体系和形成机理。

第六章，新形势下东北地区城镇化发展质量的调控机制与策略。

　　该章建立城镇化进程中的调控体系，对东北地区未来城镇化发展趋势进行展望，进而提出促进东北地区城镇化健康发展的调控路径与对策。

　　第七章，结论部分对全书做了总结，主要阐述了结论、存在的不足、创新之处和研究的几点启示。

目　　录

绪　　论

20 世纪初，伴随着工业革命的巨大浪潮，全球的城镇化进程开始突飞猛进，进入 21 世纪以后，中国的城镇化也得到了快速推进，成为中国经济增长的助推器，是国家中长期科学发展规划的重要科学命题，更是学术界研究的重要课题。2011 年，中国的城镇化水平为 51.27%，城镇人口首次超过农村人口。1978 年，城镇人口仅为 1.7 亿，改革开放 30 年，城镇人口增加了 5 亿。目前，城镇人口达到 6.9 亿。中国前所未有的快速城镇化浪潮世所罕见，但城镇化质量却没有显著提高。因此，提高城镇化质量是中国在新型城镇化道路上必须高度重视的问题之一。

一、选题背景与研究意义

（一）选题背景

1. 中国城镇化发展到了关键时刻

城市地域系统是在一定的地域范围之内，形成一种较为密切的经济联系，具有特定结构和功能的城市、城市（镇）及其职能区域共同组成的一种经济地域。城镇化正是这一地域的形成过程，城镇化绝不是将农村人口简单地转入城市，而是要求城市住房、就业、医疗、教育、生活设施逐步满足城市人口的需要，让城市居民安居乐业，城乡协调发展。为达到这一目的，需要完善城市功能、进行资源整合、创新体制机制，真正提高城镇化的发展质量。

目前，反思一下中国城镇化取得的成绩，主要停留在户籍和土地上的"半城镇化"状态。中国的城镇化是"算出来"、"比出来"、"拆出来"、"耗出来"的城镇化，整体上处于亚健康状态。因此，中国不能再停留于粗放型的城镇化发展状态，而是要提高城镇化质量。城镇化质量的高低直接决定着中国的未来，也影响着中国居民在经济发展过程中的归属感、安全感、幸福感。鉴于目前的发展现状，在未来的发展过程中一定要走速度适中、利于可持续发展的新型城镇化道路。

2. 东北地区城镇化质量亟须重视

东北地区作为中国老工业基地，从新中国成立至今，城镇化水平一直高于全国平均水平，根据 2000 年"第五次人口普查"的统计口径，中国城镇化率为 36.20%，东北地区城镇化率为 52.14%，比全国平均水平高出近 16 个百分点。

2010 年，东北地区（包括蒙东五盟市）城镇化率为 57%，而全国城镇化率为 49.86%，高出全国近 7 个百分点，但是较高的城镇化水平并不代表有着较高的城镇化质量，东北地区作为全国老工业基地，由于传统计划经济时期遗留的问题较多，改革开放以后，各级政府都把加速城镇化进程作为首要目标，城镇化发展还存在着很多矛盾与问题。从新中国成立到 20 世纪末，东北地区城镇化水平也一直高于东部沿海地区，近年来东部沿海地区经济得到了快速发展，带动城镇化质量已经明显超过东北地区。

目前，亟须搞清东北地区城镇质量的真实情况，分析与国内先进地区的差距，以此作为标杆，进一步提升东北老工业基地的城镇化质量。

（二）研究意义

1. 理论意义

城镇化是经济发展到一定阶段的产物，由人口、经济、社会、空间、环境等多项因子综合集成的结果，成为某一国家或地区经济社会发展的重要标志。

首先，以经济地理学、城市地理学和其他相关学科的相关理论为基础，对城镇化相关理论与方法进行归纳与总结，试图构建起城镇化质量理论的研究框架，以此来丰富区域经济地理学的理论体系。

其次，在新型城镇化的背景下，分析城市化的本质和国外城镇化发展的经验与启示，找准未来城市发展的方向，提出城镇化发展的价值取向，为中国城镇化提供全新的研究视角。

2. 现实意义

在新型城镇化的背景下，中国城镇化由数量型向质量型转变已成为一种趋势。本书选取具有典型意义的东北地区作为研究对象，构建评价指标体系，对东北地区的城镇化质量进行测度与评价。

首先，以区域为背景，依据测度结果判定其发展阶段、城镇化水平与质量协调类型、子系统的主导类型、空间分异特征。结合实际划分地域层级，分析每个层级的具体特征和产生的内在机理。

其次，将东北地区的城镇化质量与全国层面各级地域单元进行比较与评价，搞清东北地区城镇化发展水平的真实面貌，旨在为学术界和各级政府制定城镇化发展战略提供参考依据。

二、国内外研究进展

（一）国外研究进展

1. 城市化研究的"发轫"期（14 世纪初～19 世纪中期）

从 14 世纪英国"圈地运动"到 18 世纪末，在这一阶段中，城市化经历了由空想变为现实等一系列活动。威廉·配第（William Petty，1676）在《政治算术》一书中将农业、制造业和商业等三次产业进行比较，结论是制造业能够比其他两种行业获得更高的收入，导致产业之间的收入差别，吸引农村劳动力流向高收入产业，促进城市化不断向前发展。

亚当·斯密（Adam Smith，1772）在《国民财富的性质和原因的研究》一书中，以"绝对优势"理论为核心，为城市间的地域分工开启了先河。

德国农业经济学家杜能（Thunnen，1826）是农业区位理论的先驱者，在他的著作《孤立国同农业和国民经济的关系》一书中，讨论了农业发展与市场的关系，提出农业区位论，为研究城市地域结构和空间相互作用奠定了理论基础。

2. 城市化研究的"诞生"期（19 世纪中期～1900 年）

西班牙城市规划师 A. 塞尔达（A. Serda，1867）在《城市化的理论问题》一书中，首次提到"城市化"这一概念，从此城市化一词破茧而出。18 世纪下半叶，欧洲出现产业革命，工厂手工业代替传统手工业，引发新一轮的城市化推进浪潮。

空想社会主义学家欧文、圣西门、傅利叶的乌托邦、太阳城、新协和村，都在追求一种理想状态下的发展模式。柏拉图的《理想国》、莫尔的《乌托邦》都在追寻人类社会中没有私有制、剥削、压迫，让人过上幸福的生活。虽然空想社会主义学者傅立叶提出的"公社新村"和欧文设想形成的"新协和村"等空想理论没有变为现实，但是这些空想理论为后期霍华德建立田园城市理论奠定了一定的理论基础。

3. 城市化研究的"发育"期（1900 年～第二次世界大战结束）

英国学者 E. 霍华德（E. Howard，1898）提出的"田园城市"理论，指出了城市和区域发展应该被看作是一个整体。R. 恩温（R. Unwin，1922）进一步发展了"卫星城"理论，P. 盖迪斯（P. Geddes，1915）的《进化中的城市》一书，深入地研究了城市功能，指出城市必须经过集聚与扩散才能形成新的空间，包括世界城市（World City）、集合城市（Conurbation）、城市地区（City Rigion）。

芬兰学者沙里宁（Saarinen，1934）在《城市的成长、衰落和未来》（The City – Its Growth，Its Decay，Its Future）中阐述了大城市过分膨胀所带来的各种弊病，提出有机疏散理论，并从土地价格、城市立法等角度探讨了城市有机疏散的必要性。德国地理学家克里斯塔勒（Christaller，1933）提出了中心地理论，讲到城市中心扩散直接影响城镇化的推进。

1933 年，在希腊召开国际城市规划大会，通过城市规划理论的纲领性文件《城市规划大纲》，即《雅典宪章》。在《城市规划大纲》中明确指出，城市规划的目的是解决工作、居住、游憩、交通等四大功能的有效运转。

4. 城市化研究的"成熟"期（第二次世界大战结束至今）

20 世纪初，国外关于城市化的研究主要是对城市化概念的丰富与扩展，城市化与产业的互动，城市化水平的评价方法，全球化视角下的世界城市形成与发展等。

（1）城市化概念的成熟与繁荣

日本东洋经济新闻报社（1971）发表了《地域经济纵览》，首次使用城市成长力系数，用10个综合指标来测算城市化水平，包括地区总人口、年度地方财政支出、第二产业从业人口比重、第三产业中商业从业人口总数、工业总产值、商贸批发总额、住宅建设总面积、居民储蓄率、电话普及率等10个指标。联合国人居中心（HABITAT, 2002）编制了城市发展指数（City Development Index），2004年，提出了城市指标准则（Urban Indicators Guidelines），用城市发展指数和城市指标准则评价城市发展质量，为评价城市发展质量提供了一个标杆和依据。

（2）城市化发展阶段研究

美国学者 L. 芒福德（L. Mumford, 1938）出版了专著《城市的文化》（The Culture of Cities）指出，城市要经历诞生、演变和消亡等循环往复的历史过程。第二次世界大战以后，世界各国都开始步入经济建设轨道，城镇化与经济发展相互影响、相互促进。城市化的研究视角开始不断拓展，美国城市学者 R. M. 诺瑟姆（R. M. Northam, 1979）提出，"城市化'S'型曲线"，将城市化分为三个阶段。美国地理学家赖恩贝利讨论了19世纪城镇化的特征，提出"逆城市化"概念。英国城市地理学家彼得·霍尔（Peter Hall, 1984）建立了城市发展阶段模型，将城市发展分为四个阶段，即向心城市化（即城市化）、城市郊区化、逆城市化和再城市化。

（3）城市化与城市规模相互关系的研究

G. K. 捷弗（G. K. Zipf, 1949）研究了城市体系与城市规模的分布关系，证明城市规模——位序法则。米奥和亨德森（Miyao, Henderson, 1987）在验证城市化与城市增长关系时指出，城市化的速度与城市规模呈现出负相关关系，新城市发展最终受到适度规模的影响。美国学者戈特曼（Gottmann, 1961）在《大城市群：城市化的美国东北海岸》（Megalopolis：The Urbanized Northeastern Seaboard of The United States）一书中描述了美国东海岸农村与城市共生、土地综合利用的空间现象，并提出大都市带是城市化高级阶段的产物。

（4）城市化的可持续发展

20世纪初，达尔文的生存竞争理论在美国比较盛行，芝加哥大学社会学家 R. E. 帕克（R. E. Park, 1950）认为，生态学之中的"优胜劣汰"十分契合城市结构发展、城市空间分布的规律。因此，首次将人类生态学引入城市社会学研究行列,形成著名的芝加哥生态学派。帕克认为,城市发展过程就是一种生态秩序,支配城市社区的基本过程是共生与竞争,像生物体一样,城市生存是人与人之间相互依存、相互制约的关系,决定城市的发展方向。第二次世界大战以后,由于全球工业化的快速发展,可持续发展日益受到重视,美国学者雷切尔·卡逊(Rachel Carson, 1962)的《寂静的春天》(Silent Spring)中唤起人们保护环境的意识,指出农村人口大量聚集到城市,发展中国家大量的人口离开农村,导致城市人口爆炸,部分大城市的生活条件会进一步恶化。20世纪70年代,罗马俱乐部发表的第一份研究报告《增长的极限》指出,在经济快速发展下能源和土地供给是有限的。1971年,联合国提出的"人与生物圈计划"(MAB),从生态学角度研究了城市化的相关问题,生态城市的研究逐渐得到重视。2003年,英国提出"低碳经济",以最少的资源获得更高的经济效益。1977年,国际建筑协会发表了《马丘比丘宪章》指出,城市建筑必须对人类需求做出反应。1999年,在北京召开第20届世界建筑师大会,颁布《北京宪章》,宪章包括变化的时代、纷繁的世界、共同的议题、协调的行动等四部分。从《雅典宪章》到《马丘比丘宪章》,再到《北京宪章》,都在追求一种宜人的城市发展空间,世界各国都开始重视城市人居环境质量。

(二) 国内城镇化研究综述

1. 国内城镇化研究综述

改革开放之前,受传统计划经济的影响,城镇化的研究几乎处于空白。吴友仁(1982)发表了《关于中国社会主义城镇化问题》一文揭开了中国城市化研究的序幕;谢文蕙(1983)着重阐述了世界各国的城市化发展规律;周一星(1983)研究了城市化与国民经济的协调发展机制;李笔戎(1988)系统地介绍了城镇化的发展规律;周一星和英国诺丁汉大学的R.布雷德肖(1988)对中国城市的工业职能分类,将中国295个城市分为3大类、19个亚类和54个职能组,填补了中国城市职能分类的空白;1991年以后,进入城市化研究的鼎盛期,周叔莲(1993)重点研究了城乡关系演变的机理;辜胜阻等(1991)分析了中国城镇化的发展战略,包括城市规模和发展方针的制定;城镇化进程的影响因素、户籍制度、投资环境、隐性城镇化、城市边缘区发展过程、世界城市的界定、国内外城市化发展经验比较、工业化与城镇化互动、半城市化问题、新型城镇化道路、城镇化的生态保护与耦合问题、城市群发展格局和机理、"城中村"问题等。

2. 国内城镇化质量研究综述

(1) 城镇化质量的内涵

叶裕民 (2001) 首次提出，城市化质量一词，用城市化、现代化和城乡一体化来测度城市化质量；王成新 (2003)、孔凡文 (2005) 认为，城镇化的内涵应该包括速度和质量两个方面，城镇化速度不是越快越好，城镇化的"质"和"量"要有一个平衡点；余晖 (2010) 指出，城市化质量的问题是城镇化率和城市各要素的协调问题，只有促进城市化公共服务均等化和城市内部和谐发展，才能提高城市化质量；王忠诚 (2008) 认为，城镇化质量是经济、基础设施和人民生活水平的现代化；白先春 (2004) 指出，城市化质量是人口、生活、经济、环境等各个系统的综合集成；李明秋 (2010)、杨蓉 (2009) 认为，城镇化质量是隐性存在的，城镇化质量是在人口城镇化进程中和景观优化过程中逐渐提高的。方创琳和王德利 (2011) 认为，城市化质量是经济城市化质量 ($EUDQ$)、社会城市化质量 ($SUDQ$) 和空间城市化质量 ($SUSQ$) 三者的有机统一。

(2) 健康城镇化的内涵

陆大道和姚士谋 (2007) 根据中国现实国情对城镇化的发展过程进行综合分析，揭示中国城镇化速度严重脱离可持续发展的基本原则，严重忽视了城镇化的质量，形成了"冒进式"的城镇化现象。陈明星 (2011) 从可持续发展的角度探讨了健康城镇化的内涵，健康城镇化应该是"人"健康发展、城乡之间良性互动，资源环境可持续发展。蒋涤非 (2012) 指出，健康城镇化是"人口—经济—空间—社会"等子系统之间的协调发展，最终实现城镇化质量与速度的全面提升，实现经济效益、社会效益和生态效益的有机统一。俞滨洋和王洋 (2011) 根据中国现阶段城镇化发展的现状，指出中国城镇化正处于转型期，在"十二五"期间，应该放慢城镇化速度，向健康、高质、特色的方向过渡与转型。方创琳 (2011) 分析了中国城镇化"亚健康"问题，指出城镇化不能急功近利，必须科学地调控城镇化的"质"与"量"。李津逵（2008）在分析国外城市化发展经验以后，指出中国经历了人类历史上最大规模的城市化运动，强调中国必须放慢城镇化速度，使城市化健康发展。

（3）城镇化质量的测度与评价

叶裕民（2001）、赵雪雁（2003）利用加权法对全国和西北地区的城市化质量进行综合测度。白先春（2004）通过 LOWA 算子法以人口、经济、社会、环境、基础设施等 5 个子系统为基础，对全国城镇化质量进行综合测度。国家城调总队福建省课题组（2005）以生态环境、经济发展、社会发展、基础设施为视角建立指标体系，利用层次分析法对华东地区多个城市的城镇化质量进行分析与评价。陈明星和陆大道（2009）用熵权法测度了中国改革开放以来的城镇化质量，并分析其影响因子。樊纲（2009）对"长三角"地区和"珠三角"地区城镇化质量测度结果进行了比较分析。袁晓玲（2008）、张勇（2011）运用主成分分析法对陕西省和河南省的城市化质量进行了综合评价。张春梅（2012）以江苏省为例，论证了城镇化质量与城镇规模的协调性。于涛（2012）利用层次分析法对江苏省的县级市的城镇化质量进行了综合评价。王富喜（2013）利用熵值法对山东省的城镇化质量进行了综合测度。王德利和方创琳（2011）构建城镇化质量综合测度模型和分段测度模型从时空角度测度了中国城镇化质量。

（4）城镇化质量的影响因素及提升对策

李林（2008）利用灰色关联法分析了中国省际之间城镇化的差异，结果是产业结构、自然资源、就业结构的差异引起省际城镇化质量的差异。刘建国（2012）选取 14 项指标，利用测度模型对中国省际城镇化质量进行综合测度，表明经济发展水平和基础设施完善程度是影响城镇化质量提高的重要原因。孙平军（2013）指出了中国城镇化非协调性的影响因素。陈波翀（2005）指出，自然资源对城镇化有一定的促进作用，并指出自然资源约束城镇化水平的提高。刘维奇和郑玉刚（2007）分析了技术变迁对城镇化作用的机制。刘耀彬（2007）以系统动力学的研究方法探讨了城镇化与生态耦合机制及调控路径。方创琳（2009）强调水资源是控制干旱区城镇化健康发展的重要影响因子。

（三）国内外城镇化的研究述评

1. 研究视角的多元化

首先，由于城镇化的研究涉及很多领域，研究视角从一维走向多维，还没有形成统一的范式，研究内容从发育到成熟，再到提炼升华，使学科不断由低级走向高级。其次，纵观以往的研究成果，各个学科都从不同视角对城镇化的各个领域展开研究，包括人口迁移、土地转换、就业转换、社会空间转换、文化资源转换，以及制度与政策转换等一系列问题，视角大体相似，每个学科的研究特色都不太突出。因此，在未来研究过程中，每个学科都应该体现自己的学科优势，不能盲目跟风，必须突出研究特色。

2. 研究学科的交叉性强

最初，城镇化是在规划领域被提出，随着时代的不断进步，经济学、社会学、生态学、地理学等学科也开始关注城镇化。经济学界关注城镇化是否带动经济的增长。地理学注重城镇化影响地域系统的改变，包括经济地域系统、生态地域系统、文化地域系统的产生和演变。社会学领域关注城市与乡村之间的文化演变，城市内部地域文化的产生与发展。人口学领域着重于城乡之间人口流动，人口工作地点的转换，以及出生率、就业率和失业率对城镇化进程的影响。政治学领域主要研究城市人口流动与迁移政策、城市人口社会保障、医疗、教育等政策的制定等内容。在各个学科之间关于城镇化的研究有很强的交叉性，成为学科融合研究的桥梁和纽带。

3. 研究的方法较多

早期对城镇化的分析方法主要是定性描述，通过实地观察和查阅历史文献，系统地分析了城镇化的内涵。第二次世界大战以后，随着世界各国经济的加速发展，专家学者不再停留于定性描述，开始转向定量分析，包括城镇化率的测算，城市规模和城市体系的测度等。近期利用 GIS 技术，提取遥感卫星图片信息，分析城市地形地貌和面积的变化情况。城市化的研究方法较多，但是各种研究方法没有发挥真正的效能。未来一定要创新研究方法，不能只停留于本学科的研究方法，应该吸纳各学科的研究方法，利用综合方法发挥城市化学科交叉的优势，展开案例剖析，达到解决问题的真正目的。

4. 研究方向面临很强的挑战性

目前，关于城镇化的研究具有很大的挑战性。一是在研究过程中由于受到统计数据资料和测度方法的制约，还没有公认的测度模型，早期使用的城市人口占总人口的比重已经不太实用，对城镇化水平的评价标准尚未统一。二是关于城镇化质量的测度方法、测度模型、指标体系的建立，尚无统一标准，导致测度结果差异性很大，为研究城镇化带来了很大的挑战。采用何种测度方法和评价标准不重要，重要的是根据测度结果和区域内城镇化发展的基本情况分析其存在的问题，是各位专家学者应该认清的问题。

5. 对以往研究的深刻反思

目前，关于城镇化的研究涉及较多学科，城镇化本身的学科优势没有体现出来，更没有成为一门独立的研究学科。笔者认为，不能将城镇化再停留于各个学科中，应该作为一门独立的学科来建设。将城镇化研究理论进行系统地梳理，建立独立的学科体系，使其不断发展壮大。另外，在未来的研究道路上，城镇化理论的建设与专业应用同样重要，应该把城镇化作为一门专业技术学科，结合统计学、规划学、Arcgis 技术、社会学调查方法、工程学、建筑学等多个学科领域，分析城镇化的发展过程、形成机理、调控路径。最后，落实到现实政策和发展战略之中，使其成为一个新型专业，为中国城市建设培养更多的高级人才。

三、研究问题与内容

（一）本书主要研究问题

改革开放 30 多年来，中国城镇化水平在不断提高，部分城市已经达到 100%，但在现实中，中国却出现了对城镇化理解的误区，导致土地资源的严重浪费，城镇功能不健全。在新型城镇化道路上，城镇化应该由"量"向"质"转型，显得非常迫切。因此，明确城镇化发展的价值取向，评估其所处的等级和位次，提出新形势下促进城镇化和谐有序发展的调控对策，对于制定城镇化发展战略和确定城市发展走向，具有重要的理论意义与现实意义。

1. 城镇化质量的内涵

在新型城镇化的背景下，将城镇化、城市化和都市化等概念进行辨析以后，着重分析传统城镇化与新型城镇化的主要不同之处，在此基础上提出城镇化质量的概念与特征，成为本书前期研究的基础。

2. 城镇化发展的价值取向

在分析城镇的本质和功能时得知，城市建设需要很长时间才能逐渐完善，属于自然历史过程，要求城镇化速度与质量进一步协调，不能急功近利。因此，分析前期城镇化进程中不正确的价值观和出现的各种问题，为新型城镇化的发展提出正确的价值取向。

3. 东北地区城镇化发展过程

对东北地区城镇化发展的历史过程进行系统地分析，梳理东北地区近代、新中国成立以后的城市发展特征和职能类型、发展成效和存在的问题，为本书后续章节的研究奠定基础。

4. 东北地区城镇化质量的测度与评价

依据相关研究方法，建立评价指标体系，评价东北地区城镇化的质量。从区域和全国两个层面对东北地区各个地域单元的城镇化质量进行判定与评价，找出存在的问题和在全国范围内所处的位次。进一步明确东北地区城镇化发展的真实面貌，为东北地区制定区域发展战略和决定城市发展方向提供参考依据。

5. 东北地区城镇化质量的层级划分与形成机理

结合定性分析与定量分析方法，划分城镇化质量的地域层级类型，分析核心城市和外围地域形成的地域差异，总结出城镇化质量的层级特征。从政府、市场、个人等三个角度分析层级地域产生的动力体系，并从经济地理学角度探讨城镇化质量层级地域产生的内在机理。

6. 新形势下城镇化的调控机制与发展策略

根据新型城镇化发展的价值取向，本书从不同角度阐述了城镇化的调控目标、调控手段和调控机制。在此基础上，分析了东北地区城镇化的发展趋势和目标，并依据城镇化质量的层级划分结果，提出新型城镇化的推进路径与策略。

（二）本书主要研究内容

本书一共分八章。绪论部分主要介绍研究问题方法，第一章为城镇化的概念与相关理论，第二章为城镇化发展的价值取向分析，第三章为东北地区城镇化发展的历史过程，第四章为东北地区城镇化质量的测度与评价，第五章为东北地区城镇化质量的层级划分与形成机理，第六章为新形势下东北地区城镇化质量的调控机制与策略，第七章为结论与展望。

绪论部分主要阐述了选题背景与研究意义，国内外研究综述，研究问题与研究的技术路线，为本书写作做好铺垫。

第一章，城镇化的概念与相关理论。主要分析了城市化、城镇化的基本概念，并将传统城镇化与新型城镇化进行比较，提出城镇化发展质量的相关概念、特征、评价意义和原则。对国内外城镇化相关理论进行梳理、总结、归纳，得出重要的启示。

第二章，城镇化发展的价值取向分析。重点分析了城镇化基本意图和国外城市化发展经验，并对中国城镇化相关问题进行阐述，提出城镇化发展的价值取向。

第三章，东北地区城镇化发展的历史过程。理清东北地区城市发展脉络，分析东北地区城镇化发展成效和面临的问题。

第四章，东北地区城镇化质量的测度与评价。从区域和全国两个层面对东北地区城镇化质量分别进行测度与评价，判定东北地区城镇化发展质量区域内的基本情况和在全国各级地域单元存在的差距，反映出东北地区城镇化质量的真实面貌。

第五章，东北地区城镇化质量的层级划分与形成机理。首先，从理论层面探讨了城镇化质量层级性形成的动力体系；其次，对东北地区地级市城镇化质量进行地域层级划分，分析每个层级的地域特征。最后，以区域经济地理学条件论为基础，探讨城镇化质量地域层级的形成机理。

第六章，新形势下东北地区城镇化质量的调控机制与策略。建立城镇化发展质量的调控体系。探讨东北地区城镇化发展趋势，在此基础上根据层级划分结果提出不同城市的调控路径和调控对策。

第七章，结论与展望部分为研究结论、主要创新点、研究不足与未来展望。

四、研究方法与技术路线

（一）研究方法

1. 文献分析法

首先，城镇化问题已经上升为国家战略，近期中央经济工作会议把城镇化作为一个大问题来重视。因此，笔者重点学习中央文件，领会文件精神，将城镇化质量研究上升到新的战略高度。其次，全面搜集城市发展与城镇化相关文献，进行归纳、整理、鉴别，把国内外地理学领域、经济学领域、社会学领域的经典文献进行系统总结与归纳，对各种研究成果进行评述，为本书奠定理论基础。

2. 定性与定量相结合

在阐述城镇化相关理论的基础上，分析城镇化发展过程中存在的问题，使研究更具有说服力，采用定量分析法，通过数理统计方法，建立评价指标体系，运用 Excel 和 SPSS 18.0 软件，将收集到的数据进行综合运算，判定城镇化质量的阶段类型、城镇化水平与质量协调度。从区域和全国的角度进行分析与对比，分析其存在的差距，进而得到基本结论。

3. 归纳总结法

归纳总结法是由个别到一般的论证方法，先对学科知识进行归纳，使知识更加系统化，探讨其存在的一般性规律。利用归纳和对比的方法，找出区域之间城镇化发展的共性特点和不同之处，分析东北地区城镇化的特征和存在的问题，旨在为学界和各级政府了解到真实的城镇化质量。

（二）技术路线

本书遵循"论文选题—理论构建—价值取向—发展过程—质量评价—层级划分—调控措施"的逻辑思路，做到理论探讨与实证分析相结合，文献查阅与调研相结合、定性与定量相结合的技术路线（见图 0-1）。

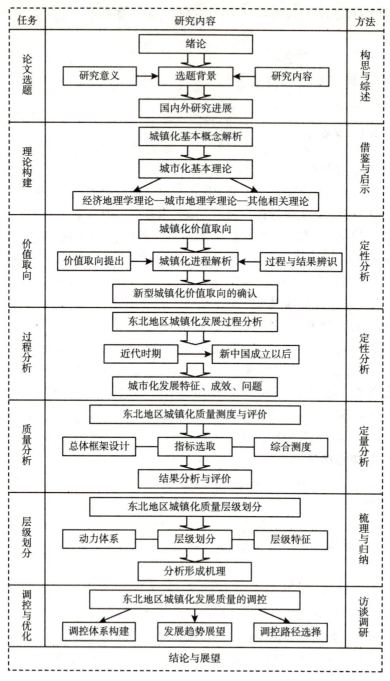

图 0 - 1   技术路线图

第一章

城镇化的概念与相关理论

第一节 城镇化的基本概念解析

一、传统城镇化的相关概念

（一）城镇化与城市化的区别与联系

当前，在学术文献和政府发布的各种文件中，习惯使用"城镇化"一词，也出现了城市化、都市化等词语。从狭义上讲，这3个词具有很高的相似性，但在本质上有着明显的区别。由于人口总量和经济总量的不同，导致各个城市之间规模和形态的大小有着明显的区别，进而形成不同的城市体系。从城市体系上看，可以把城镇划分为三种形式，即城镇化、城市化、都市化。一是以区（或者县域）为中心的城镇化；二是以大中城市（或城市群）为中心的城市化；三是以国际大都市（世界级城市群）为主的都市化，这3个名词分别代表着农业人口和资源三种不同的流动方式和聚集方式，进而对城镇、城市或者大都市的社会组织结构、生产和生活方式、文化与观念产生了重要的影响。

综上所述，城镇化、城市化、都市化不存在排斥关系，属于层级体系下的包含关系。在阅读城镇化文献时发现，结合中国社会经济发展现状，笔者认为从国家的战略角度讲，用"城镇化"一词表征中国的农村转化为城市的过程更为妥当。在世界层面讲，绝不能将城镇化（Townization）和占据世界主导地位与全球都市化相伴随的"大城市"和"城市群"排斥在外。从中国文化的传承角度讲，城镇化表征的范围更广泛，文化传承上包括城镇化（Townization）、城市化（Urbanization）、都市化（Metropolitanization）3 个等级，必须与一般的学术概念区别对待，仅此还不够，必须完整地理解城镇化或者城市化的内涵，才能把城镇化与城市群、大城市和小城镇等概念更好地衔接。

（二）城市化的定义

西班牙巴塞罗那城市规划师 A. 塞尔达（A. Serda，1867）最早提出城市化（Urbanization），是农业人口不断向城市人口转变的历史过程。经过国内外学者对其不断丰富与拓展，日本学者山田浩之认为，城镇化的内容分为两个方面：一方面，是经济基础领域的城镇化现象；另一方面，在社会文化过程中的城镇化现象，即城市生活方式的深化和扩大。美国学者弗里德曼（Friedman，1966）将城市化过程分为两个阶段，城市化阶段 I 和城市化阶段 II。城市化阶段 I 主要包括农村人口和非农业活动向城市集中的过程，城市化阶段 II 是城市文化、生活方式和价值观在农村地域扩散的过程。周一星将城市化定义为人口向城市聚集是生产力不断发展和劳动分工逐渐加深的必然结果，城市化过程和社会经济的发展同步进行，是一个客观存在的历史过程。笔者赞同以上三位学者对城市化的定义，本书认为城市化是一个系统工程，主要包括三个方面：一是人口向城市集中，引起生产方式和生活方式发生重大转变的过程；二是城市化在工业化的促进下，引起城市规模不断扩大和城市数量不断增加；三是城市的先进文化和各类文明逐渐向农村扩散的过程，以此实现城乡一体化和农村现代化。

（三）城市化的发展阶段

由于每个国家的城市化起步时间、发展速度和水平存在着较大的差异，美国经济地理学家 R. M. 诺瑟姆（R. M. Northam，1979）把城镇人口占总人口的比重变化过程概括为一条稍被拉平的"S"型曲线。城市化发展轨迹要经历初始、加速和成熟三个发展阶段，当城市化水平低于 30%时，属于缓慢发展阶段；城市化水平为 30% ~ 70% 时，属于加速发展阶段，城市化水平高于 70% 时，城市化发展速度开始放缓，属于缓慢发展阶段，这是著名的城市化发展三阶段理论（见图1－1）。城市化"S"型曲线是推力和拉力共同形成的"S"型曲线，发达国家的城市化发展轨迹基本吻合"S"型曲线。

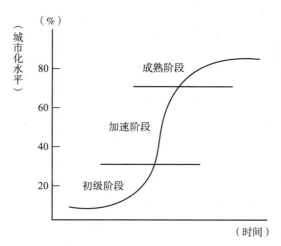

图1－1　城市化"S"型曲线

通常情况下，一些国家的城市化发展轨迹符合"S"型曲线，并得到世界公认。中国学者方创琳（2008）认为，城市化发展的三阶段的理论过于粗略，城市化发展三阶段理论是20世纪70年代世界各国的经济发展的总体变化趋势和基本规律，城市化发展三阶段中的第二阶段的划分区间过长过粗。鉴于此，方创琳（2008）将城市化"S"型曲线进行修正，重新将其划分为4个阶段（见图1－2），城市化水平在1%～30%为初期阶段；城市化水平在30%～60%为成长阶段；城市化水平在60%～80%为成熟阶段；城市化水平在80%～100%为顶峰阶段。

二、新型城镇化的相关概念

（一）新型城镇化的内涵

新型城镇化是以新型工业化为基本动力，统筹兼顾，核心是"以人为

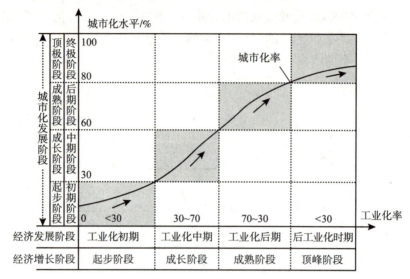

图 1 - 2 城市化发展阶段与经济发展阶段对应关系

资料来源：方创琳，蔺雪芹. 中国城市化发展阶段的修正及规律性分析. 干旱区地理，2008，31（4）：512 - 523.

本"，重点是提高城市生态化、城市现代化、农村城市化水平，以此全面提高城镇化质量。走科学发展、功能完善、社会和谐、特色鲜明、城乡一体的城镇化发展道路。新型城镇化是"六位一体"，即社会公平和谐、空间结构合理、创建智慧城市、经济持续增长、资源有效利用、环境友好保护下的六位一体的"城镇化"（见图 1 - 3）。

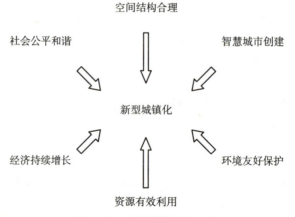

图 1 - 3 新型城镇化的内涵

（二）新型城镇化与传统城镇化的区别

住房与城乡建设部副部长在谈新型城镇化时指出，不要用"新型城镇化之名，行传统城镇化之实"，① 一定要对新型城镇化进行深刻地理解，才能在新型城镇化道路上不走弯路，实现新型城镇化战略。基于此，笔者将传统城镇化与新型城镇化的区别归纳为以下几个方面（见表1－1）。

表1－1　　　　　　　传统城镇化与新型城镇化对比

对比内容	传统城镇化	新型城镇化
发展理念	忽视以人为本的发展理念	重视以人为本的发展理念
发展范式	外延式的城镇化	内涵式的城镇化
动力机制	粗放型工业化	新型产业、高端服务业、信息化
空间结构	注重产业布局，城市功能缺失	注重产业空间布局，城市功能的完善
发展形态	集中与分散不均衡空间形态	多中心、组团式、网络型空间形态
城乡关系	城乡二元分治	城乡一体化
资源环境	不利于可持续发展	利于可持续发展
区域观	城市之间重复建设，资源配置效率低，城镇群的综合竞争力被削弱	加强区域与城市整合，去除行政壁垒，引领区域一体化或同城化，加强城镇的区域管治

资料来源：根据新玉言. 新型城镇化理论发展与前景透析. 北京：国家行政学院出版社，2013 年整理。

第一，发展理念不同。

传统城镇化是简单地、盲目地扩大城市规模，新型城镇化更能体现出城镇化的本质属性，核心是坚持"以人为本"的发展理念，让外来人口对城市有着归属感和依赖感。

第二，发展范式不同。

传统城镇化是在粗放模式下，以牺牲资源为代价向前推进；新型城镇化是以集约和节约资源为目标向前推进。新型城镇化主要体现改革的思

---

① 参见邱鹏旭. 勿借"新型城镇化"之名行"传统城镇化"之实 [EB/OL]. http：//theory. people. com. cn. 2013－02－01.

维，把城镇化作为最大的内需潜力，将改革作为最大红利。

第三，动力机制不同。

传统城镇化主要是以粗放型工业化来推动，靠建设工业园区和经济开发区推动城镇化发展，而农业现代化和现代服务业发展非常滞后，导致城镇化动力不足。新型城镇化是靠战略性新兴产业、现代农业、现代服务业来推动城镇化发展。

第四，空间布局模式不同。

传统城镇化采取"摊大饼"式无序蔓延，注重产业布局的空间扩张，不重视生活设施的完善，致使城镇功能缺失。新型城镇化注重优化产业空间布局，同时更加强调与之配套的生活设施的建设与完善，提升城镇内部交通、居住、游憩功能等基础设施的发展品质。

第五，发展形态不同。

传统城镇化没有处理好城镇分散与集中等问题，导致城镇空间格局极不平衡。新型城镇化是按照"精明增长"理论，兼顾集中与分散两种模式，促进城镇内部地域空间、中心城镇与卫星城镇布局更加优化，打造"多中心、组团式、网络型、紧凑型"的城镇空间格局。

第六，城乡之间协调关系不同。

传统城镇化注重城市自身的发展，城乡之间二元结构和城乡对立格局比较严重。新型城镇化注重城乡统筹发展，把城镇化与社会主义新农村建设结合起来，将城市公共服务向农村延伸，走城乡共同繁荣的发展道路，让农村逐渐享受城市文明带来的福利。

第七，资源环境利用方式不同。

传统城镇化是在低效能和高排放下利用各种资源，资源浪费比较严重，不利于可持续发展。新型城镇化是以低碳化、低污染、低耗能为基本目标，循环利用各种资源，进而实现可持续发展。

第八，区域观不同。

传统城镇化过于强调单一规模等级的城市发展，忽视与周边小城镇或者卫星城镇的互动，形成"一城独大，周边皆小"的单核型区域发展观。新型城镇化强调去除行政壁垒，加强区域一体化，摒弃过去重复建设、产业结构趋同现象，避免"大而全"和"小而全"的现象再次出现。

三、城镇化质量的内涵与特征

（一）城镇化质量的定义

城镇化质量与城镇化水平是一个相对的概念，城镇化水平可以用城镇人口占总人口的比重来表示，表达非常单一，不能全面地表达出城镇化的真实水平。原因是一些城市城镇人口占总人口的比重很高，但城镇化质量却非常低，因此必须综合地考虑城镇化的发展品质。陆大道（2013）将城镇化质量定义为城镇人口就业、社会保障、医疗、基础设施、环境的保障程度和公平程度，重点指出要改变过去"要地不要人"的发展理念，着力解决"人"的城镇化，实现农民工完全市民化。叶裕民（2000）从两方面来解释城市化质量：一是城市现代化，城市现代化是城市发展品质的综合反映，包括经济结构现代化水平、基础设施现代化、人口素质和居住环境的现代化，反映城市核心载体的发展品质。二是域面载体的质量，用城乡一体化的进步程度来表示。牛文元（2009）从三方面解释了城镇化质量：一是城市发展的基本活力，包括城市竞争力和创新性；二是城镇化的协调性，包括居民生活品质、城市文明程度、生态环境对其理性需求的满足程度；三是城镇化发展的公平性和可持续性，包括一个城市的共同富裕程度和城乡二元结构的缩小程度。

各位专家和学者从不同角度解析了城镇化质量的内涵。城镇化质量是一个综合概念，经济学领域强调城镇化发展过程中各种要素的投入与产出对城市居民生活水平、基础设施的完善程度、城市文明提高程度的影响力度；地理学领域主要是从区域角度考虑城镇化质量，强调城乡统筹发展的进步程度，区域之间基础设施完善程度和资源利用与整合程度、城市与区域之间的协调程度。

以上概念领会以后，对城镇化质量进行重新定义，城镇化质量是在城镇化地域运动过程中，经济结构（部门和空间结构）更加优化与合理，空间载体（城市空间和基础设施）能够高效运转，制度和政策（住房、教育、医疗、户籍）逐渐覆盖城乡居民，居民素质和城市文明逐渐提升、城市环境（社会环境和生态环境）更加和谐等各种要素在城镇化进程的实现程度，称为城镇化质量。经济发展是提升城镇化质量的基本动力，制度和政策完善是提升城镇化质量的基本保障，改善城市环境是提升城镇化质量的基本条件。

（二）城镇化质量的特征分析

第一，地域性

每个城市由于区位差异，有着独特的地理环境和资源，其不同的能源和物质构成了不同类型的城市，同时也引起了不同城市出现不同的发展品质，这是城镇化质量最明显的特征之一。

第二，抽象性

由于城镇化质量与有型产品和服务质量有很大的差别，城镇化质量很难用具体名词描述出来，既有空间上的差异性，又有时间上的分离性，城镇化质量是否提高，只能通过亲身体会才能证明城镇发展品质是否有所提升。如在城市建设之中，当前一些政策为城市建设、产业布局积累了更多的社会福利，但是现实之中一些人没有体会到，只有经过几十年或者几代人才能体会到。

第三，相对性

衡量一件产品质量的标准具有时空相对性，因为产品质量会随着时空的变化而变化。城镇化质量也是一个相对的概念。以北京市为例，相比新中国成立初期，城镇化质量有了很大的提高，但与纽约等国际性大都市相比，北京市的城市发展品质还很差。

第四，综合性

城市本身是一个开放的巨系统，在城镇化进程中，城市内在的品质高低可以用政治的民主性、生活的舒适性、文化的多样性、环境的宜人性、就业机会的充足性、公共产品的完美性、交通出行的便利性，社会环境的和谐性、居民素质的智慧性、政策和机制的多样性来表示，以上子系统汇合到一起，成为城镇化质量的核心内容。

（三）城镇化质量评价

评价是依据判定标准，通过特定的程序对已经完成的工作进行标准性判定。某一事项想要进步就必须检查过去取得的效果，发现存在的问题，找出其中存在的差距，才能明确未来的发展方向。通常评价有两种方式：

一是定性评价，由高级专家通过自身经验对评价对象做出主观性判断；

二是定量评价，根据采集的数据，利用数学模型或借助各种软件，将评价对象进行科学判断。定量方法具有客观性、标准性等特征，但一些事物的特征很难用定量方法来衡量。因此，现实中采用定性与定量相结合的方法才是最佳的评价方法。

评价种类分为发展性评价、水平性评价、选拔性评价。发展性评价，是诊断当前存在的问题和取得的效果，对评价对象有一定的激励作用，以此作为标杆，为后进者树立榜样；水平性评价，是对取得的成绩进行检测，通过纵向与横向比较，反映出阶段性或终结性成果的优良程度；选拔性评价按照"优胜劣汰"的基本原则，将所有评价对象按照评价标准从高到低依次排列，最优者作为胜出者。以上3种评价都是体现在"质"与"量"之间，无论是单一性评价，还是综合性评价，主要目的都是促进各项事物不断地向前发展。

在城镇化进程中，农村人口进入城市以后，如果就业、住房、交通、医疗和教育设施的完善程度不能与城镇化发展速度相协调，必然引起"城市病"。对城镇化质量进行综合测度与评价，为城市或区域的发展提供科学依据，其意义主要表现在以下两个方面：

一是综合全面的测度城镇化质量，判定其城镇化发展的真实水平。当前中国仅以城镇人口占总人口的比重来判断城镇化水平，具有很大的偏颇，往往一些地区城镇化水平很高，但是社会经济发展水平很低，出现了低质量的城镇化。城镇化质量能反映城市发展品质，判定一个城市品质在全国或区域中所处的地位及存在的差距，影响城镇化质量提升的限制性因素，分析其产生的机理，明确未来城镇化调控目标和优化对策。

二是城镇化质量是城市功能、制度、基础设施等各项要素进步程度的集中表现，在城镇化发展进程中，对其质量进行测度与评价，获取反馈信息，检查城镇化发展速度和模式是否适合区域发展，以便及时地总结经验，对城镇化发展模式进行调控，进而提高城镇化质量。

（四）城镇化质量评价的基本原则

西方国家关于城镇化的研究早于中国，由于国内外面临不同的国情，评价标准和原则不尽一致。在评价城镇化质量时，不同区域城镇化所体现的内容也存在着很大的差异。根据中国当前经济社会发展的实际情况，本书认为在对城镇化质量进行评价时，必须遵循差异性原则、目的性原则、多样性原则。

一是差异性原则。

在判定城镇化质量高低时要遵循差异性原则，在国家层面、省级层面、市域层面和县域层面等不同尺度，由于各个区域的发展状况不尽相同，数据统计口径差异性较大。因此，在指标选取和质量划分标准上遵循差异性原则。只有遵循差异性原则，才能准确地揭示出不同层面城镇化的真实水平。

二是目的性原则。

在新型城镇化的道路上，建设"幸福、低碳、智慧、宜居"城市和坚持"以人为本"的发展理念是一种必然趋势。"人"是城镇化的主体，必须把人的需求放在首位。在测度城镇化质量时，必须明确两方面的内容：一是城市人口生存与发展的基本权利是否能够得到满足。二是城镇化推进速度是否存在超前或滞后的问题。

三是多样性原则。

城镇化质量从不同角度对区域内的经济、社会、空间、就业等要素进行综合测度，分析其存在的差异。需要根据不同尺度和不同样本对城镇化质量分门别类地测度与评价。在此需要明确两个问题：一是由于城市职能不同，在评价城镇化质量时，不能按照一套评价指标体系去测度所有尺度下的城镇化质量。二是根据多样性原则，从多角度建立评价指标体系，尽量选取具有代表性的指标，对区域城镇化质量做出科学的判断。

第二节　城镇化质量研究的相关理论

一、区域经济地理学条件论

（一）条件论的基本内涵

地理学是研究地球表层的科学和人类生存条件的科学，地理学的研究过程是对条件和环境的认知过程。近代地理学把"人地关系"作为地理学研究的主题，出现了可能论、或然论、环境决定论、协调论，都是反映人与环境和谐发展的基本理念。20 世纪 80 年代初，以陈才教授为首郑重地提出在经济地理学领域应该把条件论放在首位，各种条件是认识经济地理学事物的出发点，地理学中各项条件贯穿于经济地理学研究的全过程，更是经济地理学研究的基础，也是区别于区域经济学的唯一不同之处。

区域经济地理学条件论是从分析一个地区的基本情况入手，重点分析区域内的自然资源条件、区位条件、经济条件、人口条件等。只有对区域内的基本情况进行深入了解以后，才能确定区域发展战略。但是，在实践中，正确认识区情是十分困难的，必须在条件论的指导下，经过反复实践、认识，才能对区域基本情况做到全面认识（见图 1-4）。

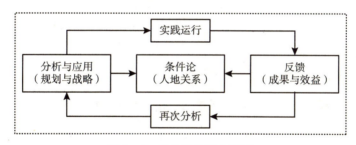

图 1-4　条件论应用与实践

（二）条件论对城镇化研究的启示

在城镇化发展道路上，以区域经济地理学条件论作为研究的基础，应该充分认识到中国面临的基本情况。当前，中国人口多、底子薄，土地资源短缺，在制定城镇化发展战略以前，必须充分认清区域的资源禀赋、人口与劳动力条件、经济条件和信息条件，将基本情况搞清以后，再制定城镇化发展战略。

目前，由于一些地方政府没有考虑区内实际情况，城镇化发展速度非常快，在城镇化进程中出现了各种问题，不利于实现可持续发展。因此，在新型城镇化道路上，应该根据不同经济地域的基本条件，遵循城镇化发展的客观规律，确定适合中国各个区域的城镇化发展模式，促进城镇化健康、有序发展是非常重要的事情。

二、经济地域运动理论

（一）经济地域运动理论的内涵

董锁成（1994）指出，经济地域运动是经济地域系统的成分（物质成分和非物质成分）、结构（空间和部门结构）、功能规模（经济实力和地域空间范围）、等级（经济发展水平和空间结构演变层次）的性质在不可逆的时间序列中有机的空间演变过程。[①]

在经济地域运动过程中，运动的主体是要素（自然资源、人口和劳动力要素、资金要素），运动载体是各种交通工具和信息传输的手段，按照人类活动的轨迹在区域内、区域外或者区域之间形成的要素流动组合，而地域之间的要素流动受到地理环境和运动载体的制约，经济地域运动是一个不断上升的发展态势，使地域之间的发展形态、要素组合形式、流动载体在不断升级（见图1-5）。

（二）经济地域运动理论对城镇化研究的启示

陈才教授（2010）经过多年的探索，使经济地域运动理论不断得到丰富和发展，经济地域运动是在一定的地域范围之内，根据地域的综合条件，通过各种运送载体和信息通道，将各种要素由收入低的地域流向收入高的地域，规模由小到大，而收益高的地域为了获取更高的利益，将要素进行二次开发与分配，实现资本高值化。经济地域运动在空间上形成了一种经济发展的空间势能差，地域势能差发展到一定程度以后，开始辐射周围地域，进而带动后发地区的综合实力和经济发展水平不断提升。笔者对上述理论学习和领会以后，认为城镇化和经济地域运动理论有着很深的渊源。

首先，城镇化地域运动是人口和资源等要素由农村转移到城市，使各种要素在空间上实现快速的经济地域运动过程，这一地域运动过

---

① 董锁成. 经济地域运动论——区域经济发展的时空规律研究，北京：科学出版社，1994.

程是按照市场规律形成一条不可逆的行为轨迹。因为多数人都为追逐一种更高的经济利益由农村进入城市，带动城市人口数量不断增多和土地面积不断扩张，当城市发展到一定阶段以后，城市生活方式、价值观念、产业不断向农村蔓延，带动农村地域逐渐向城市地域转变，加速农村城市化进程，最终实现城乡一体化。

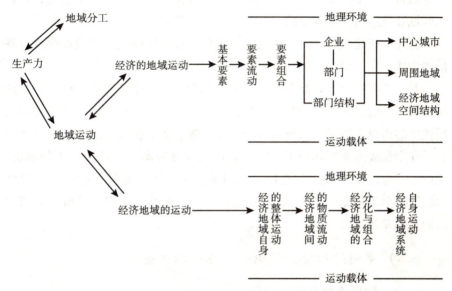

图1-5　经济地域运动的基本内涵示意图

资料来源：陈才. 区域经济地理学. 北京：科学出版社，2009.

三、区域空间结构理论

（一）空间结构形成机制理论——增长极理论

1. 增长极理论的内涵

法国经济学家 F. 佩鲁（F. Perroux，1955）提出增长极理论，后期经过法国布代维尔、美国学者弗里德曼、瑞典的缪尔达尔、美国的赫希曼等多位经济学家的补充和完善，这一理论得到不断的发展。佩鲁在提出增长极理论时指出，经济活动的发展在时间和空间上都会出现不均衡。如果把发生支配效应的经济空间单元当作力场，在这个力场中的推进单元就可以称为增长极（Growth Pole）。增长极理论主要是围绕推进性的主导工业部门而组织有活力的高度联合的一组产业，这不仅能迅速增长，而且能通过成熟效应带动其他部门的增长。显然，经济总量的增长并非出现在多个地方，最初以不同强度出现在一些增长点上，这一点被称为"极"。

2. 增长极对城镇化研究的启示

通常情况下，增长极对所在区域具有极化和扩散两种作用机制，往往在区域经济运行的不同阶段，作用强度各不相同。

首先，极化效应是指利用现有的优越条件，快速吸纳区域资源和经济活动主体，促进自身的经济能量积累。

其次，扩散效应是指各种经济要素和经济活动主体由增长极向外围地域扩散，并由此带动腹地经济发展，实际上是一个更加合理的区域经济发展秩序的构建，扩散形式可以分为邻近扩散、等级扩散、跳跃式扩散等形式。在增长极的支配作用下，城镇化的表现是资本和要素的集中与输出，规模经济效益的形成，促进技术不断向农村扩散。通过上述作用可以使"增长极"的区域得到优先发展，通过渗漏（扩散）效应带动城市相邻地区的共同发展。

（二）空间结构要素理论——点—轴理论

1. 点—轴理论的内涵

波兰经济学家萨伦巴和马利士（Zaremba，Marlis，1975）通过对增长极理论的延伸，提出了点—轴开发理论，在重视"点"（中心城镇或者区位经济发展条件好的地域）作用的同时，还要重视"点"与"点"之间的连接线"轴"的作用，各位学者都认为随着铁路、公路、河海航线等交通干线的建立，加速点与点之间的人流和物流的流动，吸引人口、产业向轴线两侧集聚，并产生新的增长极，点—轴贯通以后形成了新的点—轴系统，这就是著名的点—轴理论的基础。

中国科学院院士陆大道（1955）结合佩鲁的增长极理论、克里斯泰勒的中心地理论和点—轴理论，在其专著《区域发展及其空间结构》一书中形成了比较完整的理论体系。[①] 点—轴系统理论在一个点通过极化效应不

---

① 陆大道. 区域发展及其空间结构. 北京：科学出版社，1998.

断地聚集各种要素，拥有更多的企业，带动城市面积不断扩大，形成连接各个中心城镇（点）的交通沿线、通信线路、能源供应线、供气等线状基础设施。在交通沿线及中心城镇，由于增长极（中心城镇）对周围地区经济发展的作用会不断得到强化和扩散，辐射范围和影响程度也随之增大，相对优越的地方会慢慢出现新的聚集点，轴带交通线也会相应延伸。当经济发展到一定阶段以后，一些发展条件好、实力雄厚、效益高的城镇或者工商业区会形成更大的"点"，点与点之间的线状基础设施也会变得更加完善，新的聚集点变成小城镇或大中城市，在区域发展中充当次区域中心，次区域中心会延伸出次级交通轴线，构成中心和轴线系统。点—轴发展模式经过不断演进以后会出现更多的"点"和"轴"（见图1-6）。

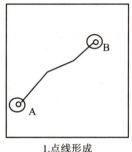 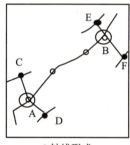 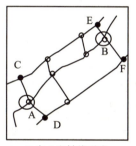

1.点线形成　　　　　　2.轴线形成　　　　　　3.中心和轴线形成

图1-6　点—轴系统示意

2. 点—轴系统理论对城镇化研究的启示

点—轴开发模式是由点向网络开发模式的过渡阶段，点—轴的纵横交错形成了网络。在区域开发过程中，随着网络开发模式的完善，极化作用开始逐渐减弱，扩散作用逐渐增强，区域经济逐渐由不均衡向均衡转化。

首先，在中国城镇化进程中，由于中国城乡二元结构比较突出，在现阶段和未来一个时期之内，运用点—轴开发模式是中国破解城乡二元经济结构的重要途径之一。

其次，在中国城镇化进程中，在人口和资本不断聚集的情况下，交通和通信等线路的连接，形成了点—轴开发系统，进而拉近城市与城市之间的距离，整合城市与城市之间的资源共享，逐渐形成城市群或者同城化，为地区之间加强经济联系和调整产业布局起到了很大的促进作用。

(三) 空间结构演进理论——核心—边缘理论

1. 核心—边缘理论的内涵

德国经济学家 A. O. 赫希曼 (A. O. Hirschman, 1958) 认为, 在区域之间出现不平衡现象是不可避免的, 核心区的发展会通过"涓滴效应"带动外围区域发展。相反, 劳动力和资本从外围区流入核心区, 加速核心区发展, 促进区域之间形成很大的差距, 由于极化效应起支配作用, 要缩小区域差距, 政府必须加强干预, 加强对欠发达地区的援助和扶持力度。

20 世纪 60 年代, 美国发展经济学家约翰·弗里德曼 (John Friedmann, 1966) 对发展中国家的空间规划进行了长期研究, 在《区域发展政策》中正式提出核心—边缘理论, 核心—边缘理论是解释经济空间演变模式的理论, 试图说明区域间如何由互不关联、孤立发展, 再变为彼此联系、不平衡发展, 最后发展为相互关联、平衡发展的区域系统。

在经济发展过程中, 中心区、上下过渡区和资源前沿区可以完全地实现经济一体化。核心区具有较高的创新能力, 直接表现是工业发达、技术水平高、资本集中和人口密集的经济发达区。弗里德曼认为, 核心区的作用表现在以下几个方面:

一是核心区通过市场系统、供给系统和行政系统等来组织外围依附区;

二是核心区系统地向其所支配的外围区传播创新成果;

三是由于创新发展到一定阶段以后, 将不断超越规划的空间范围, 核心区不断扩散, 外围区综合实力将不断增大, 导致新的核心区在外围区开始产生, 进而引起核心区的等级水平不断下降。

外围区属于国内经济较为落后的地区, 将其分为两类: 过渡区和资源前沿区域, 过渡区又可以分为上过渡区、下过渡区和资源前沿区 (见图 1 - 7)。上过渡区环绕核心区, 与核心区之间存在一定的经济联系, 该区域可能成为卫星城市和次级中心城市。当经济发展水平上升以后, 带动就业机会的增加, 具有资源集约利用和经济持续增长等特征。下过渡区多位于边远的农村、原材料枯竭、老工业衰退的地带。处于经济停滞和衰落的向下发展的态势, 主要表现为初级资源的消耗殆尽, 产业部门和技术落后，缺乏促进经济增长的主导产业，与核心区的联系不太密切。资源前沿区域又称为资源边疆区，可能形成次级核心区域，资源比较丰富，对区域发展有巨大潜力，通常位于两种过渡区之间。

2. 核心—边缘理论对城镇化研究的启示

核心区作为区域发展的引擎，在经济发展中占据主导地位。笔者认为，在经济发展过程中，做大中心城市，发挥辐射带动作用，通过基础设施共享、产业转移、生态补偿等各种途径，加强与边缘区的经济联系，边缘区要积极响应核心区的资源、人才援助、技术扩散和产业对接等大好机遇，缩小与核心区的差距，培育新的增长极，制定合理的空间准则，提高区域发展综合效率，巩固产业在带动区域发展中的作用。中国城乡二元结构突出，经济相对发达地区与经济相对落后地区的发展极不平衡，有必要以核心—边缘理论作为指导，加强核心地区向边缘区扩散，缩小城市与农村、先进区域与落后区域之间的差距。

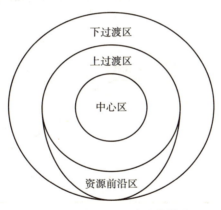

图 1-7　核心—边缘结构模式

四、城市发展阶段理论

城市是人类文明发展到一定阶段的产物，具有周期性和阶段性的基本属性。城市要经历形成、成熟、衰老、消亡等循环过程，城镇化贯穿这一过程的始终。城市从职能上分为单一职能型和综合职能型，不同职能型城市在不同的发展阶段表现出的特征也各不相同。

（一）单一职能型城市的发展阶段理论

通常单一职能型城市仅有一项职能，如资源型城市、旅游型城市、加工型城市。单一职能型城市是由产业的兴盛而兴盛，也随着产业的衰落而衰落。如东北地区部分资源型城市，随着资源开采而兴盛，在面临资源枯竭时，产业也将处于衰退或转型期，前期的辉煌已经不复存在。美国 R.弗农（R. Vernon，1966）在产品循环理论中，把产品的市场划分为导入期、成长期、成熟期、衰退期 4 个阶段，高度概括了产品生命周期理论，对研究城市发展周期有一定的参考意义。刘力钢（2006）根据资源型城市的发展特征，将城市划分为 4 个阶段，即形成期、扩张期、繁荣期、衰退期（见图 1 - 8）。结合弗农的产品生命周期理论和刘力钢的资源型城市发展阶段理论，得知城市内部的产品与资源对城市发展质量的高低有着重要的影响。从资源开发程度看，城市发展有着明显的阶段性，表明资源型城市的发展阶段与资源的开发情况有着较强的伴随性和依附关系。

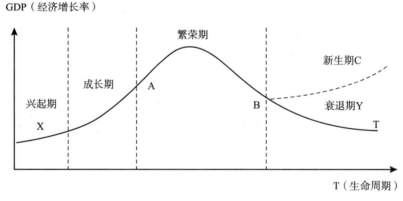

图 1 - 8　资源型城市发展的一般规律示意

第一阶段为兴起期。这一阶段属于资源开发前准备阶段，地区经济发展比较落后，为了获得短缺性资源，在此进行勘探和研发。

第二阶段为成长期，这一阶段全面投产，形成一定规模以后，资源得到合理利用，城市基础设施开始不断完善，主导产业和相关产业不断扩展，城市生活区或者商业区也有一定雏形。

第三阶段为成熟期，这一阶段资源开发达到顶峰，矿区和城市生活区各种设施逐渐完善，城市规模逐步扩大。利用主导产业促进关联产业不断发展壮大，进而发展接续产业或者替代产业，相比到资源枯竭时再寻找接续产业，意义非常重大。

第四阶段为衰退阶段，以矿产资源开发作为主导产业的地位开始不断下降，如果没有新的产业跟进或接续，城市功能开始衰退，甚至消失。如果有新的产业接续，或在转型成功以后，城市职能开始逐渐转变。处于没落时代，在区域发展中的地位开始不断下降，如果再现往日的辉煌，必须经历一番彻底的转型。

(二) 综合职能型城市的发展阶段理论

综合职能型城市具有综合性特征。范登·博格 (Vanden Berg, 1996) 依据发达国家的城市人口的演变规律，提出城市的空间周期理论。张越和甄峰指出了城市地域空间上的"集聚效应"和"扩散效应"这对矛盾体的运动过程，总结出 4 个阶段，即向心城市化阶段、郊区化阶段、逆城市化阶段、再城市化阶段。

一是向心城市化阶段 (Centralized Urbanization)。

是人口不断向城市中心集聚，是城镇化发展的初级阶段，这一时期资金、技术、劳动力等要素不断向城市集聚，形成聚集经济和规模效应，促进城市规模不断扩大和城镇数量不断增多，城市文化和各种价值观也不断向农村地区转移。

二是郊区化阶段 (Suburabanization)。

当城市化达到一定水平以后，城市中心区人口密度不断增加，交通堵塞、环境污染等城市病开始出现。城市中心的人口、产业开始不断向郊区迁移，城市郊区蔓延现象开始凸显。

三是逆城市化阶段 (Conter – urbanization)。

城市和郊区发展条件不能令人满意的时候，城市中心和郊区的人口不断向小村镇和乡村外迁，城市的政治、经济、文化中心和居住等功能逐渐向中小城镇和乡村分解，城市功能出现"逆城市化"现象 (见图1 – 9)。

四是再城市化阶段 (Reurbanization)。

也是二次城市化，是逆城市化的一个对应过程，城市因逆城市化而引起衰败，再度进行城市化，是向心城市化、郊区化、逆城市化顺时延续的最后一个过程。

（三）城市发展阶段理论对城镇化研究的启示

城市发展阶段对中国城市发展具有重要的指导意义。

首先，中国正在进行一场声势浩大的"造城运动"，大城市、小城市都在贪大求洋，盲目地追求国际化大城市的美誉，未遵循城市发展的客观规律，资金、土地等资本遭到极大地浪费，生态环境遭到严重破坏，城镇化质量非常低。

其次，在新型城镇化道路上，必须依据城市的基本发展情况和经济发展实力，以及面临的矛盾和问题，制定不同的城镇化发展战略。

最后，在政府和规划领域不能千篇一律地制定同样的城镇化推进模式，中央政府在为各地城镇化进行顶层设计时，必须根据城市发展阶段进行分类指导，制定不同的发展模式和路径，切实提高城镇化质量。

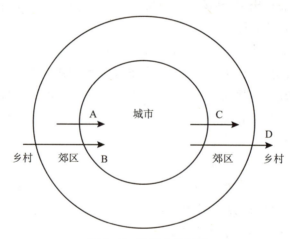

图1-9 逆城市化示意

五、系 统 论

美籍奥地利理论生物学家 L. V. 贝塔朗菲（L. V. Bertalanffy，1932）发表《抗体系统论》，正式提出系统论的思想。1937 年，提出了一般系统论思想，为这门学科奠定了理论基础。1948 年，他在美国讲授一般系统论时，系统论才被学术界重视。1968 年，L. V. 贝塔朗菲出版专著《一般系统理论基础、发展和应用》，此著作被学术界公认为学科的代表作。

（一）系统论的基本思想

系统（System）最早出现在古希腊，当时只有模糊的定义。到了近代系统论的思想受到古代整体观念的影响，辩证唯物主义体系将世界普遍联系的事物作为一个整体。20 世纪 40 年代，出现了信息论、控制论、结构论，在学科领域中称为"老三论"。20 世纪 70 年代，陆续出现了耗散结构论、协同论和突变论，并且得到了快速发展，虽然这 3 门基本理论建立时间较晚，但在系统论中已经成为系统论的新成员，被称为"新三论"。

系统论的核心思想主要是系统分支的整体观念，任何一个系统都可以组成有机整体，系统不是每个部分的机械组合或者简单相加，各要素在孤立的状态下没有任何意义。亚里士多德也曾说过，整体大于部分之和，说明系统通过整体才能表现出来，并且指出系统中各个要素不是孤立存在的，每个系统都处于一定的位置上，并且每个要素都在发挥自己的作用。总之，系统的各个要素是互相联系的，构成一个不可分割的有机整体，一旦某个要素从整体中分离出来，它将会失去实际的应用价值。

（二）系统论的基本特征

一是整体性，系统被看作是一个整体，不是各个要素简单地相加，因为系统的整体功能大于部分之和。

二是相关性，系统的各个要素是相互联系的，每个系统的相关要素并不是独立存在的。

三是层次性，任何系统都可以分解为一系列子系统，并存在着一定的层次性。因此，系统的层次性有助于系统功能更好地实现。系统的层次性是按照由大到小的层次逐渐扩散，而且每个层次都作为系统的分支系统。

四是环境适应性，泛指系统必须适应外部环境变化。环境其实就是系统所要面对的外部条件，更进一步讲对系统内部有着重要的作用和反作用等诸要素的集合。

五是动态性，系统的动态性是随着时间与所处环境存在物资与能量转换，形成不同的动态性特征。

（三）系统论对城镇化研究的启示

地理学具有整体性（系统性）、地域性（区域性）、综合性（多要素集合）等特征。在地理学视角下的城镇化，涉及复杂的社会、经济、人居环境等多方面的内容，形成一个复杂的系统工程。因此，必须系统地认识城镇化，对研究城镇化发展过程、格局和机理具有重要的指导意义。从系统的角度讲，城镇化进程涉及人口、经济、社会、生态、土地等各个领域，每一个领域都是一个子系统，系统之间相互影响。如人口由农村转移到城市，引起职业的转变，农村生态系统和土地使用性质都发生变化。某一个子系统中有一个系统发生变化，将会影响城市整体运行，在城镇化进程中，往往是大搞城市建设，而配套基础设施、商业网点、垃圾和污水处理设施建设滞后，给居民造成极大的不便，影响居民的生活质量。因此，城镇化是一个复杂的系统工程，人是城镇化的主体，经济是城镇化的动力，空间是城镇化的载体，促进各个子系统之间的全面协调发展，才能在整体上提高城镇化的发展质量。

六、可持续发展理论

（一）可持续发展理论的形成背景

战国末年（公元前 239 年），《吕氏春秋》曾经提出"竭泽而渔，岂不获得？而明年无鱼；焚薮而田，岂不获得？而明年无兽"的科学论断。在 2200 多年以前，中国就有可持续发展思想，表明可持续发展思想并非西方人提出来的前沿理论。

1962 年，美国人蕾切尔·卡逊（Rachel Karson）发表《寂静的春天》，就曾讲到随着生产力的快速发展，环境污染形势愈演愈烈，公害事件日渐增多，人们开始对传统发展模式进行反思。1972 年，在联合国人类环境会议上通过《人类环境宣言》。以美国麻省理工学院 D. 梅多斯（D. Meadows，1972）为研究组组长，对西方的高增长理论进行深入研究，提出《增长的极限》的研究报告，这一报告引起了强烈的反响。

20 世纪 80 年代初，联合国成立世界环境与发展委员会（WECD），主要职责是制定长期的环境政策，帮助国际社会找到解决环境问题的途径和方法。1987 年，在东京召开第八次世界环境与发展委员会议上，以"可持续发展"为基本纲领，提出具体的行动建议——《我们共同的未来》，包括共同的问题、共同的挑战、共同的努力。1992 年，在巴西里约热内卢召开联合国环境与发展大会，183 个国家的代表团和 70 个国际组织参加会议，会议通过《里约环境与发展宣言》和《21 世纪议程》，各国政府代表签署《联合国气候变化框架公约》、《生物多样性公约》等。

（二）可持续发展的基本内涵

可持续发展的核心思想是在经济发展过程中，满足当代人的基本需求以后，让子孙后代能够享受到充足的资源和良好的生态环境。包括三个方面：即生态可持续发展、社会可持续发展、经济可持续发展。生态可持续发展是基础，经济可持续发展是动力，社会可持续发展是目的（见图 1-10）。

（三）可持续发展理论对城镇化研究的启示

改革开放 30 余年，中国城市规模不断发展壮大，很多城市出现资源浪费、环境污染、交通堵塞、犯罪等"大城市病"。按照可持续发展的基本原则，得到以下启示：

一是在推进城镇化进程中，应该注重人口、土地、水资源的合理配置，提高利用效率，减少资源浪费，为子孙后代留下足够的发展空间和资源。

二是对高污染企业加强治理和控制大气污染，为城市居民提供一个良好的人居环境。加强江河流域的环境治理，为人口留下清洁的水源地。

三是在新型城镇化道路上，走内涵式和集约式的城镇化道路。以科学发展观为基本纲领，既要强调眼前利益，又要兼顾长远利益，实现经济社会和人口资源环境的协调发展，切实提高城镇化质量，实现可持续发展。

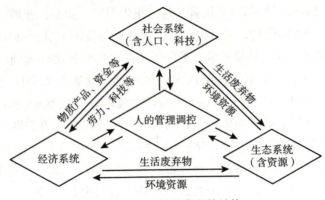

图 1 - 10 可持续发展的结构

资料来源：http：www. baidu. com.

本 章 小 结

随着时代的发展，城镇化的概念和理论不断得到丰富与拓展，形成了一个庞大的理论体系。

首先，阐述城镇化与城市化的基本区别与联系，重新界定城镇化的内涵。将传统城镇化与新型城镇化进行比较，对各种不同观点进行归纳、总结与提炼，使传统城镇化与新型城镇化的区别更加清晰。

其次，对城镇化发展质量的基本内涵、特征、评价意义和原则进行了梳理和界定，为本书写作做好铺垫。

最后，从区域经济地理学角度阐述城镇化研究的基础理论，包括区域经济地理学条件论、经济地域运动理论、区域空间结构理论、城市发展阶段理论、系统论、可持续发展理论，将以上理论作为本书的研究基础，从中得到一些重要启示，为研究城镇化质量提供系统理论分析工具。

第二章

城镇化发展的价值取向分析

中国著名经济学家辜胜阻曾经讲到，城镇化是一把"双刃剑"，做好了将成为黄金机遇，做不好将会导致灾难性的后果。① 面对机遇与挑战，城镇化道路应该怎样走？应该按照哪种城镇化发展模式？这是中国各级政府、学术界必须面对的问题之一。

因此，在未来城镇化的道路上，采取何种发展模式促进城镇化向前发展，以往研究都是从经济学角度来论证城镇化的发展方向，本书试图从多元角度来分析城镇化发展的价值取向，搞清城镇化基本的价值取向，促进中国城镇化健康、有序地向前发展。

第一节　城镇化发展的价值取向的提出背景

一、英国、美国、韩国城镇化发展的经验与启示

（一）英国城镇化的发展经验与启示

首先，17 世纪初，英国农业人口约有 50% 在农闲时节进入城镇参与工业生产。18 世纪的工业革命有效地促进了英国社会经济的繁荣，使英国经济和政治在世界上具有很高的地位。随着殖民地面积的增多和新航路

---

① 辜胜阻. 趋利避害让城镇化健康发展. http: news. xinhuanet. com. 2013 - 11 - 29.

的开辟,英国商贸活动开始频繁进行。19 世纪初,英国成为世界工厂,吸引大量农业人口向城镇集聚,源源不断地向国外输出工业产品,但也出现环境污染和产能过剩等问题。

其次,英国城镇化非常注重小城镇的发展。随着伦敦北郊工业化进程的不断加快,南方人口不断向北方转移,形成了一批工业小镇。经过一段时间以后,规模中等的城镇不断发展壮大。在注重小城镇规模扩大的同时,也非常注重小城镇功能的完善和城镇经济的带动。最重要的是城市规划做得非常到位,如英国城乡地下管道设施,如今已经走过了 100 年历程,随着人口的剧增,依然能够满足城市人口和经济发展的需要。

第三,英国通过"圈地运动"和海外殖民掠夺,增加原始积累,带动资本主义经济迅速发展,对英国城镇化产生了巨大的促进作用。利用百年时间,英国是世界上第一个完成城镇化战略的国家。笔者认为,中国推进城镇化的进程中,面对人口多、底子薄的现实情况,从改革开放到 2011 年,城镇化水平得到了显著提高,但与英国的城镇化进程相比,城镇化速度明显快于英国,英国用了将近 100 年时间完成了城镇化进程,而中国想在 50 年之内完成城镇化,有点不太现实,必须放慢城镇化速度,提高城镇化质量,借鉴英国城镇化的发展经验,注重规划的前瞻性,走内涵式的城镇化发展道路,是促进城镇化走向健康发展的主要路径。

(二) 美国城镇化的发展经验与启示

1776 年,在第二次大陆会议上正式通过《美国独立宣言》,从此美国诞生,至今 200 多年,美国是个比较年轻的国家,但已成为当前最发达的国家。1830 年,美国的城镇化水平为 9%,属于城镇化起步阶段。据 2010 年美国全国人口统计报告,美国城镇化率达到了 80.7%,农村人口占全国人口的比重仅为 17.7%,说明美国有着高度的机械化、科技化、现代化水平,提高了农村生产力水平,进而带动城镇化的快速发展。美国城镇化大致经历了初期发展阶段、快速发展阶段、缓慢发展阶段、郊区化发展阶段。

美国用 100 多年的时间完成了城镇化进程,在分析美国城镇化的发展经验时,尤其是郊区化对中国当前的城镇化发展有着深刻的启示。

首先,由于美国联邦政府缺乏对城镇化的引导和规划,在城镇化进程中出现"放任自由型"的发展模式。城市向郊区低密度蔓延现象非常严重，居住空间和工作地点出现分离，由于城市中心不断向郊区扩散，沿着公路形成多个城市连绵带，大量的森林、耕地、绿地被吞噬，土地资源浪费和生态环境破坏非常严重。

其次，郊区化导致居住地与工作地分离，造成通勤时间长、交通拥堵和耗费大量资源。近期中国的一些城市也出现郊区化的趋势，导致大量农田被征用。在新型的城镇化道路上，按照"精明增长"理论的发展理念，不能让城市土地低密度蔓延，强调空间的紧凑性，控制城市规模扩张，重点是加强土地多种功能的发挥。

（三）韩国城镇化的发展经验与启示

1945 年，韩国的人口城镇化水平为 28.3%。在 1961～1987 年，韩国经过国土综合开发，形成以工业用地建设为重点、以聚集效应为出发点的综合开发模式。利用韩国原有的经济、技术和交通设施，建立起首尔—釜山沿线城市带。

20 世纪 80 年代，韩国制订了国土开发计划，以知识和技术密集型产业为重点，在西部沿海的核心地带打造增长极。1990 年，韩国城镇化已经达到了 89%，韩国仅用 40 年时间就完成了城镇化进程。首尔市的政区面积仅占国土面积的 0.6%，1992 年，首尔市内人口占全国总人口的 42.8%，说明首尔市等大城市的人口非常多。为了缓解首尔市的人口压力，20 世纪 90 年代初，韩国进行第三次国土开发，在东南沿海地区，形成了昌原、丽川、浦项等重化工基地，迅速推动韩国的城镇化进程，形成多个中小城市，缩小大城市与小城市之间的差距，这些中小城市成为首尔市的卫星城市，可以向卫星城市疏散人口，有效地缓解首尔市等大城市的人口压力。

韩国仅用了 40 年时间完成了城镇化进程。对中国的启示如下：

一是韩国实行快速城镇化与"新村建设"的双重推进模式。20 世纪 70 年代，韩国进行了"新村运动"，重视农村的现代化发展，缩小城乡之间的差距，也避免农民在进城以后引起的失业和环境不适应等问题。让新村运动成为城市与农村结合的"耦合剂"，对中国建设社会主义新农村有着很重要的启示。目前，中国城乡二元结构比较突出，中央政府一直重视

"三农"问题，走一条由新农村带动下的城镇化道路非常必要。

二是发展卫星城市，为缓解大城市的人口高度集中带来的巨大压力，合理发展中小城市，积极鼓励人口向中小城市转移。与周边城市形成了一种网络型的发展模式，可见，韩国卫星城市在城镇化进程中取得的成功经验对中国城镇化健康发展有一定的借鉴意义。

二、近期中国城镇化发展思路的转换

（一）城市，让生活更美好的启示

2010 年，上海世博会口号为"城市，让生活更美好"，在此对中国城市化带来了很大的启示，有必要对"城市，让生活更美好"的发展背景进行讨论。城市，让生活更美好（Better City, Better Life）是希腊博物学家亚里士多德（Aristotélēs）的一句名言，人们居住在城市是为了更好地生活。这句话是上海世博会的主题词，也是全体城市人的骄傲和实现"城市梦"的理由。城市在某种意义上是现代文明的代名词，现代工业文明的进步程度远远高于农业文明，城市文明是乡村文明的一个高级发展阶段。城市具有兼收并蓄、包罗万象、不断更新的特性，自始至终使人类文明程度不断提高和社会秩序不断优化。

19 世纪初，全球只有 2% 的人口生活和居住在城市。20 世纪 50 年代，城市人口迅速攀升到 29%。2000 年，全球有 50% 的人口进入城市生活和居住。说明城市的人口越来越多，城市是由移民发展起来的庞大"聚落"。随着现代文明水平的提高，由于资源的短缺，城市居民也面临着一些挑战。高速率的发展模式，引起生存成本的上升、文化的碰撞、居住空间紧张、环境污染、返贫率和犯罪率不断提高等一系列问题。由于城市人口的不断增加，城市的经营与管理也出现了一系列问题，如城市建设用地紧张，供水和供电缺口越来越大，房价上涨，车辆增多导致交通拥堵、雾霾天气愈演愈烈。人们开始反思城市究竟是"让生活更美好了，还是生活质量更糟糕了"。

2010 年，上海世博会的口号"城市，让生活更美好"中衬托出一种"和谐理念"。和谐理念在中国传统文化中有着深厚的根源。中国古代著名的思想家、哲学家庄子的"天人合一"思想，《黄帝内经》中的"人体与宇宙结合在一起，人与天地为一体，人是宇宙的一部分"。在西方思想史中，从"乌托邦"到"理想城市"，以及后来的"田园城市"，都对和谐城市的思想进化论进行了丰富和扩展。基本意义都想在城市的物质空间上、发展秩序上、精神生活层面上和谐发展。但在现实中城市不是在和谐氛围中发展，而是在一种战争、冷落、人与人之间的关系更加紧张的氛围下发展。

因此，1996 年联合国人居署（UN - HABITAT）在伊斯坦布尔召开的第二次人类居住会议上通过《人居议程》和《伊斯坦布尔人居宣言》。在《伊斯坦布尔人居宣言》中讲到，我们的城市必须成为人类能够过上有尊严的、身体健康、安全、幸福和充满希望的美满生活的地方。而城镇化面临的各种挑战，无论是拥挤、疾病、犯罪，还是冲突，根源都在于城镇化进程中人与人、人与自然、精神与物质之间各种关系的失谐，这种长期的失谐，必然导致城市发展质量的倒退，以及各种文明的倒退，促进人类开始反思城镇化的价值取向该走向何方。

城镇化进程中的失谐，正是中国城镇化的真实写照。因此，中国必须将城镇化进程中的和谐理念变成一种现实，实现更多人的"城市梦"。鉴于此，在城镇化进程中，如果"城市病"等重大问题不能得到彻底解决，城镇化只能在不健康的状态下发展。因此，将"城市，让生活更美好"作为中国各级政府、规划界、学术界的一种信仰，为人类创造一个健康、和谐、富裕的生存环境是十分重要的事情。有了良好的生存环境，才会有一个好的状态，才能更大地发挥人的潜力，创造出辉煌的业绩。

（二）近期中国城镇化发展思路的转换

一是政府的重视。

在国家高层会议上多次提到城镇化。2012 年，在中央经济工作会议上，提出要积极稳妥地推进城镇化战略，着力提高城镇化质量。因势利导、趋利避害，引导城镇化健康发展。主要任务是发展中小城市和小城镇，城市群要科学布局，与经济发展和产业布局形成紧密衔接的关系，与区域资源环境承载力相适应，为城镇化发展指明方向。[①] 鉴于此，中国在进行着新一轮的城镇化，确定未来中国城镇化的价值取向正当其时，如果没有一个明确的发展导向，如何推进新型城镇化道路，这是政府、学界、企业团体必须面对的一个事实。

二是学术界的研究转向。

进入 21 世纪以后，多位专家学者开始注重城镇化进程中的土地浪费和资源耗费的重大问题。以陆大道院士为代表，2007 年多位专家联合向国务院提交《关于遏制冒进式的城镇化和空间失控建议》的咨询报告，指出中国在推进城镇化的进程中，由于盲目扩大土地面积，导致大量农田被占用，城市空间失衡，这一问题给农业、环境保护带来巨大的压力。最后，根据中国的实际情况，指出城镇化健康发展的思路。以此为转折，学术界开始注重城镇化的健康发展问题。总之，无论是古代的和谐理念、还是国外城镇化的成功经验，城镇化发展要经过一个漫长的发展过程才能实现。

第二节　城镇化发展的自然历史过程

2013 年，在首次中央城镇化工作会议上提出，城镇化是一个自然历史过程的论断以后，这一论断为各级政府正确认识城镇化发展目的起到一定的指导作用。目前，中国之所以出现"冒进式"的城镇化进程，就是没有搞清城镇化是过程，还是结果等问题。

一、过程与结果的基本内涵

在对城镇化是一个自然历史过程的价值取向分析以前，有必要重新认识一下何为过程与结果，以及两者的关系。

（一）过程与结果的基本内涵

首先，狭义的过程，就是事物发展所要经过的阶段，是一种手段，通

---

① 中央经济工作会议全文．人民日报．2012 – 12 – 17（01）．

过该手段把人、设备、方法等元素进行集合，产生一种所要期望的结果。广义的过程，是将输入转化为输出的系统，任何事物的发展都要经过输入和输出，输入是过程的前提和条件，输出是过程的结果，过程在输入和输出之间是一种增值转换的对应关系。其次，结果是在一定阶段以内，人或事物经过发展以后所要达到的最后状态，是实施一些行为以后产生的影响，形成的一种客观事实。

（二）过程与结果的辩证关系

过程与结果在事物发展过程中具有普遍性，要发展就必须有过程与结果。在唯物辩证法中，任何事物的发展都是一个过程，所有发展过程都必须有结果。

一是过程与结果是辩证统一的。过程是在连续的时空中发生着由量变到质变的时间段，而结果是事物变化和发展到某一阶段所要表现出的具体特征，是相对静止的。显然，过程是不断延伸的曲线，而结果是曲线上某些特殊的点。

二是过程与结果是相互联系的，任何事物的发展都要经历过程，无论好坏，都有一个结果。有过程无结果，有结果而无过程都是不存在的。

三是结果与过程是相互转化的。任何事物的发展是过程中包含着结果，结果是过程的组成部分。回过头来，任何事物的结果总是能够反映过程，把所有阶段的结果连成串构成过程。

二、城镇化是自然发展的历史过程提出的背景与内涵

诺贝尔经济学奖获得者斯蒂格利茨（Stiglitz）曾经讲到，中国的城镇化和美国的科技是 21 世纪影响人类社会发展进程的两件大事。可见，中国的城镇化在世界范围内影响力之大，更是带动中国区域经济增长的引擎，将会产生重要的经济与社会效益。由于中国农村人口多，资源和能源短缺，生态环境脆弱，东、中、西部三大区域之间综合实力的差异性大等问题，顺利完成城镇化实属一件难事。2013 年，中国工程院院士徐匡迪曾经讲到"城镇化是一个过程，不是一个指标，是人类进入工业社会以后的

社会发展现象，不是打造出来的结果"。①

（一）城镇化自然发展过程的时代背景分析

第一，改革开放以后，中国的国民经济得到了快速发展。

目前，中国成为世界第二大经济体，但是人口多、底子薄，面对国内外的双重压力，城镇化在一定程度上能够促进经济和社会的不断进步。在未来的发展道路上，逐渐加快中小城市的城镇化进程，成为拉动内需和促进经济发展的主线。因此，城镇化是一个循序渐进的过程，需要几十年才能完成，符合中国社会经济发展的客观规律。

第二，由于中国处于社会主义初级阶段，并将长期处于社会主义初级阶段，必须正视而不能超越这个阶段。

虽然中国已经进入小康社会，但农业人口还占有很大比重，城乡二元结构比较突出，城市内部有 2.6 亿名农民工没有完全市民化。如果这 2.6 亿名农民工安置不好，涉及中国经济社会发展的方方面面。

因此，要想让农村人口彻底成为市民和准市民，任务非常艰巨。

第三，目前，中国正处于社会转型期。

过去粗放型的发展模式已经不符合时代发展的主题，走集约型、环境友好型的经济发展道路成为一种不可阻挡的趋势。1978 年，中国城镇化水平不足 20%，2011 年，已经达到 51.27%，城镇化水平达到 50% 是一个时代的转折点。这为科研领域、生态环境保护领域、经济发展领域迎来了新的挑战与机遇。

总体而言，机遇大于挑战，在未来 20 年的时间中，中国城镇化应该是黄金发展期。

（二）城镇化自然发展过程的内涵解析

2013 年，在中央城镇化工作会议上，重点指出城镇化是一个自然历史过程。城镇化不能搞"花架子"；城镇化是一个艰苦细致的过程；城镇化是一个需要大量投入的过程；城镇化是一个需要解决好"人"的问题的过程。

第一，城镇化不能搞花架子。

① 徐匡迪. 城镇化是一个过程　不是打造的结果. 财经网，2013 - 03 - 26.

2013 年，在中央城镇化工作会议上提出，推进城镇化，既要积极、又要稳妥，更要扎实。必须重视以下六大任务：推进农业转移人口市民化、提高城镇建设用地利用效率、建立多元可持续的资金保障机制、优化城镇化布局和形态、提高城镇建设水平、加强对城镇化的管理。① 从这六大任务中可以看出，国家对城镇化工作开始进行细化，开始重视顶层设计，使城镇化在和谐、有序的发展状态下不断向前推进。

第二，城镇化是一个长期、艰苦、细致的过程。

一是必须做好顶层设计，前期规划做不好，将会在城镇化进程中出现各种问题。因此，根据不同区域的发展情况，确定科学合理的城镇化发展模式，以城市群作为未来的城市主体，促进小城镇和大、中、小城市之间的合理分工、功能互补。

二是在城镇建设过程中，倡导生态文明的发展理念也是一个漫长过程，发展绿色经济、循环经济、低碳经济，尽量减少对生态环境的破坏。

三是在城镇化建设进程中，走集约型的城镇化发展道路，实现城镇化可持续发展，为子孙后代留下青山绿水才是长久之计，对历史文化进行传承与保护，推行有历史记忆、有地域特色和文化特色的城镇化。

第三，城镇化是高投入的过程。

目前，全国各级政府都提到放慢城镇化速度，提高城镇化质量，想法非常正确，但需要有稳定的资金来源，不仅是政府通过财政收入和争取国家的政策为城市建设"输血"，更需要吸引民间资本来为城镇化建设"造血"。

一是中国的农村人口和进入城市的农民工基数大。据牛文元预测，到2050 年中国的总人口将达到 14.8 亿人，城市人口将会增加 4 亿～6 亿人。城镇化进程中所需的各项社会总成本将会超过 43 万亿元（按照 2006 年不变价格），每年需要支付的成本将会达到 9863 亿元（见表 2 - 1）。

二是中国有 2.62 亿名农民工流动在城乡之间，保守估计每名农民工市民化的平均成本为 10 万元，说明城镇化建设需要的资金数额非常大。

三是在 2002～2011 年中国城镇化水平每年平均增长 1.35%，2011 年

---

① 新华社.2013 年中央城镇化工作会议全文，2013.

中国城镇化水平已经超过 50%，未来 10 年城镇化将拉动 40 万亿元投资，所以城镇化是提高内需的有效方式，更是一个长期的投资过程。

表 2 - 1　　　　　　　中国未来城镇化的成本估算

年份	总人口 （亿人）	城镇化率 （%）	城市人口 （亿人）	城市新增 人口 （亿人）	新增总成本 （亿元）	年均支付 （亿元）
2006	13.2	45	5.94			
2020	14.0	55	7.70	1.76	172804	12343
2030	14.4	60	8.64	0.94	92293	9229
2040	14.7	65	9.56	0.91	89838	8984
2050	14.8	70	10.36	0.81	79038	7904
合计					433973	9863

资料来源：牛文元.2012 中国新型城市化报告，北京：科学出版社，2013.

第四，城镇化是一个解决好"人"的问题的过程。

近期土地城镇化明显快于人口城镇化，一部分农民转为市民以后，出现的问题是"就业无力、土地无权、社保无份、生活无着"，形成被动型城镇化的局面。另一部分是农民工在城市建设过程中，默默地为城市建设奉献，他们是城市的"建设者"。通过以上分析得知，农民转为市民一种是被动型城镇化，另一种是意识模糊下的"自发型"农民城镇化。目前，土地城镇化快于人口城镇化，未来城镇化所带来的发展成果应该惠及全体人民，放宽户籍制度，让更多农民完全实现市民化，还要在职业层面、社会层面、心理层面都向城市居民方向转变。

以上对中国城镇化是一个长期持续发展的过程的内涵进行解析，如果要改变过去"半城市化"现象，必须将城镇化作为长期的历史过程来看待，在发展中逐步完善，在完善过程中逐步提高，形成一个螺旋式不断向上推进的过程。

第三节　中国城镇化推进速度的再认识

城镇化是一个自然历史过程，检验这一过程的标准是城镇化质量。但是，城镇化的质量和数量是相对的。目前，中国在推进城镇化的进程中，究竟在快速城镇化中追求数量，还是在速度适中的状态下追求城镇化质量，这就涉及城镇化价值取向的又一问题。城镇化数量、质量、速度之间的各种利益取舍的问题。

一、城镇化进程中量与质的关系

广义城镇化，是农村人口和各种要素向城市聚集，引起生产方式、生活方式和社会观念不断向城镇转变。狭义的城镇化，可以理解为城镇人口占总人口的比重。而城镇化不能局限于农村人口向城镇人口转移的单一领域，城镇化的外在表现是人类文明的不断进步，是一个地区经济社会发展先进程度的重要标志。

鉴于此，城镇化的内涵应该包括速度和质量两个方面，城镇化速度主要是城镇人口数量的提高和城市规模的扩展。城镇化质量可以用城市基础设施的不断进步，地区经济总量增长，生活质量不断提高，环境质量优美，社会保障机制完善、城镇居民逐渐和谐来表征。孔凡文（2006）指出，城镇化速度是一种现象或者形式，在城镇化进程中的质量才是本质和内容。在城镇化进程中，只有速度没有质量的城镇化是一种不健康的"城镇化"或"半城镇化"，发展速度有上限，而发展质量无上限。因此，在现实中必须强调城镇化速度与质量协调发展，实现城镇化可持续发展才是最终目的。

二、中国城镇化推进速度分析

（一）中国城镇化进程分析

城镇化是在经济社会发展到一定程度后的必然产物，符合社会经济发展的客观规律，如果不遵守这一客观规律，将会形成一种不健康的城镇化，不健康城镇化的直接表现是不能实现城镇化的可持续发展。

第一，到 2011 年年末，中国城镇化率首次达到 51.27%。

回顾中国的城镇化进程，粗放型的城镇化发展模式占据主导地位，以低质量的城镇化在不断向前发展，导致城市居民生活质量低，城市功能不完善，幸福指数下降。在新型城镇化的进程中，必须改变粗放型的发展模式，使城镇化质量与速度协调发展。

第二，1953～2011 年，中国城镇化已经走过 58 年的进程，1953 年城镇化率仅为 13.31%，2011 年达到 51.27%。

中国城镇化发展模式也经过数次调整（图 2 - 1、图 2 - 2）。"一五"计划时期，是国家各种项目建设促进城镇化快速增长。"二五"计划时期，实行"盲进盲降"的城镇化模式，在 1958～1960 年，实行人民公社制度，农村人口盲目进城，后来又实行反城市化战略。在 1966～1976 年的 10 年时间里，处于"三五"计划时期和"四五"计划时期，这时城镇化进程几乎处于停滞状态。城镇化水平始终徘徊在 17% 左右。1978 年，全国城镇化率为 17.8%，改革开放以后，"五五"计划时期实行积极的城镇化模式，"六五"计划时期，中国采取鼓励发展中小城市，严格控制大城市，促进农村城镇化快速推进的发展战略。"七五"计划时期和"八五"计划时期实行大、中、小城市多元并举的城镇化发展战略，城镇化水平有了稳步提高。到"九五"计划时期，中国城镇化速度开始快速增长。

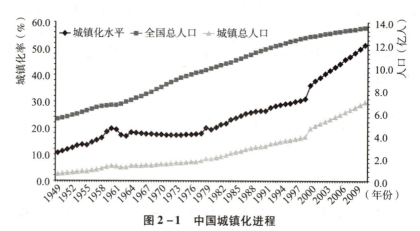

图 2 - 1　中国城镇化进程

资料来源：根据历年《中国统计年鉴》整理计算而得，北京：中国统计出版社。

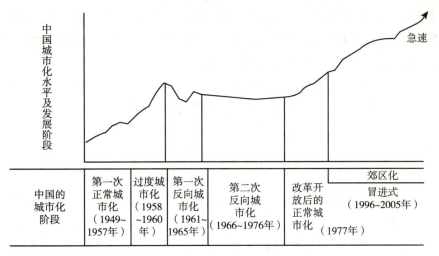

图 2-2　中国城镇化阶段示意

资料来源：陆大道. 中国区域发展报告，北京：科学出版社，2007.

（二）中国城镇化的发展速度与欧美发达国家的比较

在世界发达国家城镇化的进程中，当城镇化水平由 20% 上升到 40% 时，美国用了 40 年，英国用了 120 年，法国用了 100 年，德国用了 80 年，日本用了 30 年，中国仅用 22 年（1981～2001 年），与发达国家相比，中国城镇化速度可谓是前所未有。由于中国的特殊国情，中国不适合走西方式的城镇化发展道路，中国没有非常好的条件效仿英国、美国、日本等城镇化的推进速度。原因如下：

一是中国的城镇化是自力更生发展起来的，主要依靠农村人口进入城市以后，由农村人口为自己创造各种利益来实现城镇化，而西方国家城镇化一部分靠自己的原始积累，另一部分靠掠夺其他国家的财富来促进城镇化不断向前发展。

二是中国人口数量大，在城镇化进程中，中国城镇化每提高 1 个百分点，就有 1300 万人由农村进入城市，如果想让这 1300 万人安居乐业，就必须创造更多的工作岗位，因此就业压力高出发达国家城镇化进程中的 5～10 倍。

三是按照国际货币基金组织（IMF）公布的数据，2010 年中国人均 GDP 仅有 4382 美元，在全球排名第 94 名，总体上中国仍处于发展中国家行列，而欧美发达国家人均 GDP 已达到 3.4 万 ~ 4 万美元，虽然中国的经济总量超过日本，已经成为第二大经济体。但中国人口总数高出日本 10 倍，而人均 GDP 仅为日本的 1/10。

三、中国城镇化进程中衍生出的各种问题

（一）城镇化进程中的制度观问题

城镇化不是单纯的经济问题，与社会发展和社会保障制度，财政制度等息息相关。中国以往城镇化道路上产生的问题与西方发达国家不太一样，西方国家在城镇化道路上出现的各种问题是由市场造成的，政府在资源配置中和顶层设计中逐渐让这些问题得到缓解，而中国城镇化道路上产生的各种问题是政府和市场共同造成的。如果不去反思中国的社会保障制度、财政制度、土地流转制度等问题，很难提升城镇化质量。

一是社会保障制度有待完善。

城镇化进程中不是简单地把农村人口转入城市，必须完善社会保障制度，实现户籍、教育、医疗制度公平化，让城市居民与农村人口享受一样的待遇，切实提高城镇化质量。

二是财政制度扭曲。

城镇化建设需要更多的公共产品，需要财政资金的大力支持。长期以来，中国财权和事权不相匹配，地方政府由于财政资金短缺，靠土地财政来维持城市建设已经非常普遍，地方政府靠卖地来搞城市基础设施建设，导致大量农田被征用，为中国农业发展带来极大的威胁。

三是土地流转制度缺失。

目前，农村土地流转问题成为一个现实问题，因为没有稳定的收入和健全的社会保障制度，农村人口不愿意放弃土地，将土地作为生存最后的保障。但是，中国要想实现农业规模化经营，提高农业现代化水平，必须减少农村人口，对土地流转进行立法，使其不断向制度化和规范化方向发展。

（二）城镇化进程中的价值观问题

由于价值观的缺失，在城镇化进程中出现各种问题，如资源浪费、空气

污染、规划缺乏公信力、道德和公德差强人意等都影响了城镇化质量的提高。

在中国快速推进城镇化的同时，价值观与城市文明建设形成明显的差距。价值观缺失与城市文明建设形成明显的分歧。原因如下：

一是受到西方各种自由思想的冲击和渲染，致使中国人口"理性越来越模糊"。对物质追求远远胜过对"真、善、美"的追求。在城镇化进程中，这种观念在人的价值观中表现得越来越强。

二是城市规划作为公共政策，由于缺乏公开透明，公众很少参与，城市建设不切合实际，导致规划"失灵"，让城市居民没有感觉到文明程度的提高。既然城镇化是各种要素向城市聚集的过程，必须树立正确的城市发展的价值取向。否则，这场城镇化将是迷失方向的城镇化。

（三）城镇化进程中的政绩观问题

首先，在中国城镇化进程中，主持人是地方政府官员，实施者也是地方政府官员。一些地方政府官员为了政绩将城镇化纯粹理解为一场造城运动。以大手笔、高起点的思维方式去改造城市，有多个城市没有从科学的角度把握区情，成立新区和开发区，出现空城和"鬼城"。

其次，由于一些地方政府官员急功近利，将城镇化简单地理解为消灭村庄，或者城市的"翻新运动"。

由于规划没有前瞻性和科学性，导致后期城市的交通、排水和居民生活设施没有完善，为生产生活带来极大的不便。如夏季很多城市排水设施不利，遇到大雨天气，城市成为"泽国"，见怪不怪，表面看起来是挺好，遇到困难或紧急事件时城市运行不堪一击。

第四节　中国城镇化价值取向的确认

一、实现"以人为本"成为未来城镇化的核心内容

（一）"以人为本"型城镇化的内涵解析

2013 年，在中央城镇化工作会议中提到，在新型城镇化道路上应该是

"人"的城镇化,符合科学发展观的基本要求,与传统城镇化发展模式相比,"以人为本"的城镇化具有以下4个特征:①

第一,坚持全面协调发展。

在新型城镇化道路上,城镇化不再是单纯地以经济增长和人口增长为主线,城镇化是一个庞大的系统工程,包括人口、社会、经济、空间、生态、环保等各个方面,实现各领域的全面发展。

还要处理好近期利益和长远利益,局部利益和整体利益,统筹各个区域、各个产业和各个行业之间的协调发展,尤其要重视新型城镇化与农业现代化、城镇与农村之间的协调发展。

第二,集约高效。

城镇化进程中,城市存量土地没有得到集约利用,而增量土地被快速征用。面对中国"人多地少"的现实国情,并不是城市面积扩展得越大越好。从欧洲和日本的城镇化发展经验看,城市土地利用的最佳方式就是集约,才能实现可持续发展。

因此,在城镇化进程中,控制未开发土地的数量,挖掘存量土地的潜力,重视经济效益,同时更要重视社会效益和生态效益,实现人、土地、环境的协调发展。

第三,共享与公平。

城镇化的目的,是建立现代化城市,让进入城市的人口实现市民化,可以享受到城市医疗、教育、养老等各种福利,实现公共服务均等化,使广大居民共享城镇化的发展成果。

第四,人文活力。

无论是从城市的本质看,还是从城市的功能看,城市应该承载着丰富的文化内涵,重视挖掘人文历史文化元素,激发城市空间的人文活力,将城市文化软实力打造得更加坚实,让城市充满文化魅力。因此,在新型城镇化道路上,充分挖掘城市的文化潜力,让城市成为高度文明的发源地。

(二)完善城市功能是城镇化发展的基础

1978年,中国的城市数量仅有193个,2010年增加到657个,人口

---

① 黄顺江.推进以人为本的城镇化,人民日报.2012－11－21(007).

超过 100 万人以上的城市数量已达 125 个，建制镇由 2173 个上升到 19410 个。在过去城镇化进程中，城镇化发展速度非常快，但是城镇化质量很低。在新型城镇化进程中，完善城市功能，否则低质量的城镇化将会为社会经济发展带来很大的风险。在新型城镇化道路上，实行"再城镇化"战略，所谓再城镇化就是把已经进行过城镇化的地域，以提高质量为目标进行二次城镇化。主要观点如下：

一是完善基础设施和公共服务产品，打造宜居、宜商、宜业的良好环境，增强城市居民的幸福感。

二是对城市边缘区、棚户区进行更新改造，对市辖区和边缘区的两个地带实行统筹兼顾，提升两大地带的运行功能，让往日的落后地区成为生机勃勃的城市地带。

三是坚持"以人为本"是提升城镇化质量的落脚点，让城乡人口都应该共享城市化的成果，在大、中、小城市、小城镇、村落之间，工业与农业之间，建成有序交错、较为密集的城镇群，破解城乡二元结构。如果仅仅提高城市内部质量，表面上掩盖了城镇化的空间缺陷，却没有达到城乡统筹兼顾的目的。

二、加速城乡一体化进程是城镇化的基本目的

理想的城乡一体化，应该是经济层面上的生产要素在城乡之间自由流动，社会层面的城乡利益集团的利益分配差距逐渐缩小，生态层面的一体化，是城乡之间形成共建、共享的生态系统；文化层面的一体化，是在城乡之间形成共同的价值观。

（一）实现城乡一体化的必要性

首先，城镇化不是彻底地"消灭"农村，城市产生的前提是提高农业生产力，为城市提供更多的生产资料，农业生产力提高以后，解放出更多的剩余劳动力参与城市建设。

因此，城市在不断发展壮大以后，反向支持农村发展，工业反哺农业，这才符合社会经济发展的客观规律。目前，参与农业生产获得的经济利益远远不如进入城市参与第二产业、第三产业生产获得的收入高，导致

农村人口大量涌入城市，部分村庄出现老人村或空心村，给农业生产造成一定的危机。

其次，从空间上看，中国广大农村的发展模式不同于西方发达国家，西方国家已经建立起多个农业庄园。

而中国由于农村聚落比较分散，符合建城的各项条件还不具备。对于大部分中国人来说，乡村就是故乡，故乡是看世界的窗口，是任何事物都不能取代的精神家园。无论是在地理意义上，还是在经济意义上都不应该让乡村越来越荒芜，而是应该更加关心和保护村庄。虽然中国城镇化发展速度较快，但是城市的资源环境承载力毕竟有限，小城镇和农村可以有效地缓解大城市的资源与环境的压力。因此，建设现代化城市和社会主义新农村同样重要，仅支持城镇化建设，顾此失彼，城乡发展差距将会越来越大。

（二）城乡一体化的核心内容

城乡一体化在市场经济发展过程中不断得到快速推进，是实现城市现代化的一个必经阶段。经过长期性的培育，在坚持城乡统筹发展的前提下，理顺城乡之间三次产业关系，目的是促进城乡之间的空间布局、公共服务、土地利用等内容向一体化发展。

第一，城市功能向农村延伸。

城乡一体化，是推进城乡融合与包容、实现城乡互动，重点是延伸城市功能，缩小城乡二元结构。城乡一体化不是城乡一样化，而是城乡之间从功能上形成的一种协调互补的关系。按照城乡公共服务均等化的原则，加大对农村住房、路桥、水电、文化教育、医疗等设施的投入力度，逐渐改善农村的发展条件，实现就地城镇化战略，建设现代化的小城镇。

第二，产城统一规划。

按照"产业发展—空间拓展—就业增长—收入增加—缩小城乡差距—城乡融合"的发展理念，通过产业联动在城乡之间协调互动和梯次转移，成为促进城乡一体化的发展"引擎"。在产业选择上，必须根据资源禀赋和人口劳动力的基本情况，宜城就城，宜村就村，不能千篇一律地全部放在城市，让产业拉近城市与乡村的距离，将农村和城市的产业统一规划，形成城乡协调发展的关系。

第三，搭建平台，实现城乡经济互动。

一是帮助进城人员、下岗职工、失地农民搭建就业和创业平台，创造良好的发展环境。

二是搭建土地流转平台，加速土地流转，实现土地确权登记。

三是加大投资力度，在有条件的地区建立新型农村社区，提高农村社区的服务水平。

四是打造专业现代商贸平台。建设核心商圈，专业化服务市场，农家乐等休闲旅游景点，创造更多的就业岗位，提高农村人口的经济收入，使其更加富裕。

三、健康城镇化是新型城镇化发展的基本保障

城镇化是否健康发展考验着地方政府的执政能力，判断城镇化是否健康有3条标准。

一是城镇化是否利于经济结构优化，提高国民经济的整体效率；

二是城镇化是否利于中产阶层数量的不断增多，资产存量规模不断扩大，并使社会各阶层人民共享城镇化的利益；

三是城镇化是否有利于提高社会和谐度。

（一）亚健康型城镇化的主要表现

第一，由于地方投资力度的加大，土地城镇化快于人口城镇化，违反市场经济规律和自然生态法则，"人为造城"、"削山造城"、"有城无人"、"鬼城"等现象屡见不鲜，成为不健康城镇化的主要表现。

病态的城镇化是不可持续的，健康的城镇化需要与工业化协调发展，不健康的城镇化或亚健康的城镇化难以提高国民经济的整体效率。

第二，中国没有出现像巴西和拉丁美洲一样的过度城镇化现象。

中国的城镇化是先造城，即"筑巢引凤"，但是这个"巢穴"没有达到人民预期理想的效果，而是"望房兴叹"，由于不能让城市居民在城市定居，何谈就业？中产阶级数量提高非常缓慢。

第三，在中国城镇化进程中，城镇化应该是环境更加优美，生活环境更加舒适，但是一些地区城市面积扩张速度非常快，但是基础设施建设非常滞后，给生产和生活带来极大的不便。

同时，城市交通拥堵，垃圾无害化处理率低，生态环境污染严重，"城市病"问题凸显。一些城市盲目上项目，高耗能和高污染企业造成大气环境恶化，区域性大气污染的事件频发，农业生产中农药和水污染导致土壤严重污染，直接对食品安全构成威胁。

第四，"农民工"问题在城镇化进程中是不稳定的因素之一。

一是由于"农民工"普遍缺乏技能，难以适应产业转型升级带来的技术要求，新生代农民工更是缺乏务工和务农的技能，成为夹缝中的生存者和社会不稳定的因素。

二是由于农村精英大量流失，给社会主义新农村建设和农村经济发展带来一定的困难。

（二）健康型城镇化的集中表现

城镇化进程中的判断标准，是健康与不健康，如同人的健康程度一样，靠体育锻炼增强体质是符合自然法则的。相反，靠药物来增强体质，虽然看起来很健康，但是抵抗力很差，形成两种截然不同的结果。不健康的城镇化在资源利用上粗放利用，健康的城镇化应该是集约利用；不健康的城镇化是高耗能和高污染，健康的城镇化应该是低碳、绿色；不健康的城镇化是城乡二元结构分裂，健康的城镇化是实现城乡一体化。

（三）健康城镇化的实现路径

目前，中国城镇人口数量已经超过农村人口数量，显然中国的城镇化进程已经上升到一个新的起点上，绝对不能再走低效率和高速增长的发展道路，应该向速度适中和内涵型城镇化模式转移。未来的城镇化必须由数量增长型向质量效益型转变，关键要做好以下几点：

1. 明确城镇化发展模式

全球视野下的城镇化模式有 3 种，其中，高耗能的 A 模式、消极型的 B 模式、协调型的 C 模式。高耗能的 A 模式，是消耗大量能源的发展模式。针对 A 模式，S. 拉脱谢尔（S. Latouche，2008）等提出"反增长计划"，他认为经济增长对生物圈承受极限造成很大的压力，是不可持续的，生态危机尤其是温室效应的持续恶化，反经济增长对人类发展而言是非常必要的，此模式为消极的 B 模式。

在发现 A 模式和 B 模式都存在缺陷以后，专家学者又开始探索 C 模式，C 模式以发展为前提，充分利用市场机制来实现低成本运营，以此来补偿负面影响的发展模式。C 模式下城镇化的发展路径为：

一是在城镇化进程中必须提高土地资源利用效率，实现可持续发展；

二是以生态文明建设为方针，促进城乡差别化的协调发展；

三是保护历史文化和传统建筑文化；

四是加强资源的综合利用，发展绿色经济和低碳经济。

2. 建立合理的评价指标体系

在城镇化由数量型向质量型转变的过程中，由于国家没有制定城镇化质量评价标准，土地如何集约利用，城市规模与数量都在增加，基础设施数量和质量都在不断变化，发展指标可以通过统计部门得到。但反映隐性城镇化的指标很难从统计中得到，这为客观评价城镇化质量带来诸多不利。鉴于此，根据不同地区建立起一套不同的评价指标体系，各地区在制定公共政策时，可以作为参考依据，显得非常迫切。

另外，建立柔性的、动态性的监测体系，监测城市建设进度、人居环境优化程度、城乡一体化的进步程度，为实现新型城镇化发展战略指明了方向。建立一套新的评价指标体系，为评价城镇化质量提供重要的参考依据。

3. 由政府主导型向多元参与型的城镇化发展模式转换

苏联的城镇化完全由政府主导，城市数量得以快速增长，但是布局太主观，与人口和经济发展的目标相差甚远，导致城市缺乏活力。从新中国成立到现在，中国的城镇化进程一直由政府主导，包括城市与区域总体规划、项目审批、人口安置等。在新型城镇化道路上，结合国外城镇化的先进经验，政府扶持一段时间以后，逐渐退出，充分发挥市场作用，由政府完全主导的发展模式逐渐向多元化的发展路径转移。使政府、市场、居民三者共同参与城市建设。

在未来城镇化进程中，政府的主要任务是做好顶层设计，包括城镇化建设的时间表、路线图，主要职责是多方协调和高效服务。不适合政府做的事，应该寻找适当时机退出，发挥民间和市场效应，靠市场力量来推动城镇化进程。在市场运行中起主要作用的是企业，企业是促进城镇化不断向前发展的新生动力。在城镇化进程中，按照市场经济的发展规律，政府召集有实力的企业参与城市建设，明确企业参与城市建设的主要任务和责任，引进高技术企业和低污染的劳动密集型企业，发挥企业的社会效应，解决当地人口的就业问题，以此来提高居民收入。在职能范围内，参与城市基础设施的建设与管理。居民在城镇化进程中，无论是老居民，还是新居民，都是城市的建设者和居住者。在坚持公正与效率的前提下，要多听取居民的意见经营城市，不能完全听从地方政府官员的意愿，才能保证规划的科学性。

本 章 小 结

以"城市，让生活更美好"和外国城镇化的经验教训为基础，分析确立城镇化价值取向的必要性。

首先，对城镇化自然历史过程进行重点解析，城镇化是一个长期培育的历史过程，只有经过长期的发展，城镇化战略才能实现。

其次，概括了城镇化的质和量的辩证关系，对中国城镇化进程中的速度进行重点分析，与欧洲等发达国家进行对比，为中国城镇化放慢城镇化速度找到切实可行的依据。在此基础上，提出中国在高速推进城镇化进程中不合理的价值观念，对中国未来城镇化的发展模式起到一定的警示作用。

最后，本书尝试性地提出了城镇化发展的价值取向，"人"是城镇化的核心内容，城乡一体化是直接目的，健康城镇化是基本保障。确定中国未来城镇化发展价值取向，对于促进城镇化健康、有序发展有着重要的理论意义和实践意义。

第三章

东北地区城镇化发展的历史过程

第一节　近代东北地区城镇化的开端

从世界范围来看，18 世纪中叶欧洲进行工业革命以后，欧洲各国开启了以工业化为标志的城镇化进程，至今已有 200 多年的发展历史。中国城镇化进程晚于欧美等国家，开始于 19 世纪 40 年代。由于清朝对东北地区实行封禁，东北地区开放还要晚于中国东部沿海地区。19 世纪 60 年代，晚清国力衰退，外国势力入侵，形成了半殖民地和半封建社会的发展状态，从此东北地区是在痛苦的状态下开启了城镇化进程。

一、近代东北地区城镇化的发展进程

19 世纪中后期，国内外形势都发生了巨大的变化。1858 年，清政府被迫签订中英、中法、中俄、中美《天津条约》，《中英天津条约》第 11 条规定，在广州、福州、厦门、宁波、上海等五地开埠通商，除已有《江宁条约》旧准通商外，准许牛庄、登州、潮州、琼州等五地开埠通商，英商可自由经商，船货随时往来。① 当时，由于牛庄河道船舶出入困难，不久英国又在营口建立海港。1861 年 4 月，营口港正式开埠通商，成为东北首个对外通商港口。外国人在营口开设银行、工厂和建立商贸机

---

① 转引自曲晓范. 近代东北城市的历史变迁. 长春：东北师范大学出版社，2001.

构，使营口一度成为东北地区的近代商业城市。甲午战争以后，中日《马关条约》规定把辽东半岛割让给日本。光绪二十九年（1903 年），清政府和美国签订《中美通商续航条约》，与日本签订《中日通商航海续约》，规定奉天（今沈阳）、大东沟（今东港）和安东（今丹东）开埠通商。光绪三十一年（1905 年）日本强迫清政府订立《东三省事宜条约》，将铁岭、法库、新民、通江子等地对日本开埠通商。光绪三十四年（1908 年），东三省总督徐世昌特聘英国工程师勘测葫芦岛港，认定葫芦岛是"胜于营口，突于大连"的理想港口，筹备开辟商埠，但没有成功。1898 年，沙俄政府迫使清政府签订《中俄旅大租地条约》。日俄战争以后，日本占领大连市。光绪三十三年（1907 年），日本宣布大连市可以对外国商船开埠。宣统元年（1909 年），龙井村、局子街、百草沟正式开埠通商。宣统二年（1910 年），日本把旅顺口开发为商埠。

从鸦片战争后清政府走向衰败的半个世纪中，东北地区相继开设商埠28 处，外国势力在领地办工厂、开银行，通过港口疏运大量资本，改变了东北地区自给自足的农业经济结构，但客观上也带动了大连、哈尔滨、吉林、长春和丹东等城市的民族工商业的发展壮大。由于民族工商业的快速发展，直接带动城市人口的快速增长。另外，随着航运业的发展，辽河沿岸的许多市镇商品经济不断兴盛。如铁岭在辽河航运业的直接带动下，成为重要的商品集散地。大连原本为小渔村，取代营口在东北地区首要海港的地位，成为东北地区最大的贸易港。

沙俄政府强迫清政府签订《中俄密约》、《中俄旅大租地条约》等不平等条约，获得修筑中国东北铁路的特权。在 1896～1902 年，铁路开建，包括满洲里—绥芬河的干线、宽城子—旅顺的南满支线及其他支线，全程为 2425.3 千米，1903 年 7 月正式开通，形成"T"字形的主干铁路运输大动脉，外加东北地区航运线路的开辟和铁路建设，客观上对中国东北地区城镇体系的形成起到一定的推动作用。

由于修筑铁路，需要大批工人参与建设，直接带动沿线城市人口的快速增长。在铁路开工时，黑龙江省全省人口仅为 40 万人，到 1913 年达到 240 万人，增加 200 万人。同时，沿着铁路兴起哈尔滨、长春、沈阳等多个大城市。如 19 世纪末，哈尔滨仅为一个小渔村，自从把哈尔滨市设置为铁路交通枢纽以后，在一定程度上使哈尔滨城市规模不断发展壮大，1928 年，全市人口达到 38.3 万人，先于上海实现电话自动化。"九一八"事变以前，东北地区建成铁路里程达到 6522 千米，到 20 世纪 30 年代东北地区成为国内铁路最密集的地区。1941 年，奉天市（今沈阳市）人口为 143 万人，长春为 60.5 万人，哈尔滨为 68 万人，丹东为 32 万人，同时也带动沿线的牡丹江、开原、满洲里、绥芬河、铁岭、本溪等多个城镇发展成为中小城市。1934 年，鞍山城镇人口达到 31 万人，产业工人达 11 万~12 万人，建成区面积为 28.2 平方公里，初现现代资源型城市的雏形。

二、近代东北地区城镇化的发展特征

（一）城镇发展受殖民化影响比较严重

日本获得南满铁路经营主权以后，在铁道附属地内对中国领土主权进行肆意践踏，对长春、沈阳、辽阳和海城等多个城市进行街道规划，加速东北地区核心城市的殖民化。

"九一八"事变以前，外国侵略势力利用在金融业、商业、工业、不动产、基础设施建设领域的控制势力，导致中国东北的农产品加工业、机械加工业、钢铁产业成为日本经济的附庸。20 世纪 30 年代，东北城市经济发展严重依赖帝国主义，并影响到广大农村经济的发展速度。"九一八"事变以后，东北地区彻底沦为日本的殖民地，多数城市的殖民化情况更加严重。

从全国情况来看，东北经济区已经成为全国铁路网最密集和重工业最集中的区域，但近代东北地区由于受外国殖民势力的影响，工业畸形化程度非常严重，城市建设与经济发展不太协调。东北地区各类城市的发展主要是为帝国主义列强掠夺资源而建立。受日本帝国主义的殖民统治，城市功能和产业结构比较单一，对东北地区的城市社会经济发展极其不利。

（二）开放程度较高

由于东北地区开发晚，加上外国势力的侵略和铁路的修建，使东北地区城市的经济结构、功能、人口规模发生重大变化，在摆脱古代城堡的桎梓以后，对外开放程度被迫逐渐加速。沈阳、大连、长春、哈尔滨四大核心城市成为区域行政、军事、文化中心。外国势力强迫清政府在东北地区开放商埠 28 处，东北地区与世界各地进行多次外贸交易，成为贸易集散地。20 世纪 20 年代，十余个国家在哈尔滨设立领事馆。1928 年，外国商人在哈尔滨开设批发洋行 32 家，金融机构 16 家。由外国人在哈尔滨设立的"商务会议会所"专门经营进出口贸易，与东京、大阪、莫斯科、伦敦等国际大城市可以直接进行外贸交易。

随着东北地区煤炭、有色金属的挖掘与开采，抚顺、鞍山、本溪等一批资源城市开始发展壮大，另外，东北地区重工业、矿山开采业和商业的不断繁荣，吸引关内大量人口涌入资源开发型城市。1931 年，东北地区已有 120 多个城镇。1942 年，东北地区的特大城市、大城市、中等城市和小城市之间的比例为 1：1.3：5.7，呈现出金字塔形的等级规模分布特征。新中国成立以前，全国共有 100 多个城市，而东北地区就有 22 个（黑龙江有 5 个，吉林有 7 个，辽宁有 10 个），其中，超过 50 万人口的城市有 4座，建制镇 161 个（辽宁 47 个，吉林 26 个，黑龙江 88 个）。随着铁路与港口建设、矿山开发带动东北地区形成了大中小城市并存的城镇体系（见表 3 − 1）。

表 3 − 1　　　　　　　　1942 年东北地区近代城市规模结构

等级规模		城市数量		人口数量		城市
		个数	比重（%）	万人	比重（%）	
特大城市（>100 万）		1	12.45	130.3	19.99	沈阳
大城市（50~100 万）		3		194.9	29.91	长春、大连、哈尔滨
中等城市（20~50 万）		5	15.65	130.4	20.02	抚顺、牡丹江、安东、鞍山、吉林市
小城市	10~20 万	7	71.68	103.1	15.83	齐齐哈尔、佳木斯、营口、辽阳、阜新、锦州、本溪、扶余、洮南、四平、绥化、富锦、西安街（今辽源市）、龙井、东安、铁岭、兴山、通化、延吉、双城、呼兰、通辽、北票
	5~10 万	16		929.2	14.26	
合计		32	100	651.7	100	

资料来源：陈亮. 近代东北区城市化与工业化相互作用的过程分析. 城市发展研究，2004，11（6）：28 − 31.

第二节　新中国成立以后东北地区城镇化进程

在改革开放以前，东北地区城镇化进程经历了稳步发展阶段、城镇化波动阶段、城镇化倒退阶段；在改革开放以后，东北地区经历了城镇化恢复发展阶段，城镇化缓慢发展阶段。

一、改革开放以前东北地区城镇化进程

（一）城镇化稳步发展阶段（1949～1957年）

1949年，东北地区总人口为3852万人，1957年为5122万人，年均增长158.75万人，城镇化水平由24.71%增长到36.68%，城镇化水平年均增长1.82%，增长速度高于全国城镇化年均水平的0.59%。

新中国成立初期，国家将156个重点项目中的56项布局在东北地区，沈阳、长春、哈尔滨、齐齐哈尔、牡丹江是中国重要的工业生产中心。同时，国家又在东北地区开发森林、石油和煤炭资源，吸引国内大批人口向东北地区迁移，东北地区成为全国的工业和能源的供给基地。

（二）城镇化波动阶段（1958～1965年）

受到"大跃进"和人民公社运动的影响，在1958～1960年，全国掀起了工业"遍地开花"的热潮，吸引大量农村人口涌入城市，城镇人口开始快速增长。1958年，东北地区总人口达2002.2万人。

1960年，剧增到2694.3万人，年均增长346.5万人。1957年，东北地区城镇化水平由37.85%上升到1960年的46.75%，城镇化水平年均增长速度为4.45%。[①]

1961年，由于受人民公社制度影响，严重挫伤了农民生产的积极性，加上中苏关系紧张和三年自然灾害，造成国内经济结构严重失调，

---

① 卢守亭. 东北地区城市化发展历程新论. 辽宁师范大学学报，2010，33（1）：21–23.

全国人民生活条件比较困难。国家实行"调整、巩固、充实、提高"的八字方针，实行"反城市化"战略。① 开始调整市镇建制标准，撤销一批中小城市和城镇，压缩和裁减城市人口数量。按照市镇人口统计标准，1958～1960 年东北地区的城镇化水平分别为 37.85%、43.10%、46.75%。1960 年达到峰值，② 往后逐年下降，这一阶段属于大起大落的波动阶段。

（三）城镇化停滞阶段（1966～1977 年）

1966 年，开始"文化大革命"，在十年动乱的中后期，东北地区城镇人口略有增长，但是增长幅度很小，原因是城市职工和知识青年到农村"插队落户"，使东北地区城市人口数量急剧下降。在 1966～1977 年 11 年的时间里，东北地区总人口由 6737.6 万人增长到 8535 万人，城镇人口由 2577 万人增长到 3050 万人，城镇化水平仅为 35.74%，比 1966 年还低 2.41 个百分点，城镇化水平始终徘徊在 35% 左右。③

在此期间，仅 1972 年和 1975 年的城镇化水平为正增长，其余年份均为负增长，新设地级市仅有 2 个，建制镇数量也在不断下降。1964 年，吉林省建制镇数量为 115 个，到 1979 年仅有 96 个，辽宁省也由 94 个下降到 85 个。

在"文化大革命"中，国家正处于"三五"计划时期和"四五"计划时期，从 20 世纪 50 年代中期，东北地区作为全国能源输出地，大规模开发森林、煤炭和石油资源，东北地区的产业结构也发生了巨大变化，尤其是大庆油田的开发，带动多个大型石油化工企业不断发展壮大。

东北地区的生产力布局也开始由南向北，由腹地向边缘地区转移。开通让湖路—通辽铁路线路，新建输送原油港——大连港。东北地区的冶金工业也开始让位于化学工业，轻重工业产值都有不同程度的增长，促使经济地域结构发生了巨大变化。

---

① 张敦富. 中国区域城市化道路研究. 北京：中国轻工业出版社，2008.
② 姜妮伶. 中国东北地区城市化发展研究. 北京：经济科学出版社. 2013.
③ 金凤君. 东北地区振兴与可持续发展战略研究. 北京：商务印书馆. 2006.

二、改革开放以后东北地区城镇化进程

(一) 城镇化恢复阶段 (1978~1985 年)

改革开放以后，国家开始实行农村家庭联产承包责任制。1980 年，在面对城乡分离和大城市基础设施建设严重滞后的情况下，国家召开城市规划会议，明确提出"控制大城市，合理发展中等城市，积极发展小城市"的城镇化发展战略，推行市管县的管理体制，出台多项促进小城镇发展的政策，发起了一场"自下而上"的城镇化运动。[①]

20 世纪 80 年代以后，东北地区城镇化进入恢复阶段，城镇化水平开始快速增长。同时，东北地区也响应国家发展小城镇的战略号召，带动乡镇企业的快速发展。1984 年，国家对城市人口放宽户籍准入政策，允许农民进入城镇进行经商和务工，[②] 促进大量农业人口迁入工矿区和小城镇，城镇数量和城市规模都得到快速增长。1985 年，东北地区各类城市已达到 53 个，占总数的 11.3%。大城市为 8 个，占城市总数的 15%，中等城市为 19 个，占城市总数的 35.8%，小城市 20 个，占城市总数的 37.7%，同时还有多个建制镇，此时东北地区大中小协调发展的城市体系逐渐形成（见表 3-2）。

表 3-2　　　　　　　　**1985 年东北地区的城市体系**

城市规模	数量	百分比 (%)	城市人口 (万人)	非农业人口 (万人)	城市
特大城市 (<100 万)	6	11.3	1284	1056.6	沈阳、长春、大连、哈尔滨、鞍山、抚顺
大城市 (50 万~100 万)	8	15.0	712.7	568.6	本溪、锦州、阜新、吉林市、齐齐哈尔、大庆、伊春、鸡西

---

① 费孝通. 中国城镇化道路. 呼和浩特：内蒙古人民出版社，2010.
② 陈玉梅. 东北地区城镇化道路. 北京：社会科学文献出版社，2008.

续表

城市规模	数量	百分比（%）	城市人口（万人）	非农业人口（万人）	城市
中等城市（20万~50万）	19	35.8	952.9	641.5	丹东、辽阳、营口、铁岭、盘锦、锦西（今葫芦岛）、通化、浑江（今白山）、辽源、四平、敦化、牡丹江、佳木斯、鹤岗、双鸭山、绥化、北安、赤峰、牙克石
小城市（>20万）	20	37.7	492	249	北票、朝阳、瓦房店、海城、白城、延吉、图们、公主岭、梅河口、七台河、安达、绥芬河、黑河、五大连池、通辽、满洲里、海拉尔、乌兰浩特、扎兰屯、霍林郭勒

资料来源：李振泉. 东北经济区经济地理总论. 长春：东北师范大学出版社，1988.

（二）城镇化缓慢发展阶段（1990~2010年）

1990年，按照第四次人口普查统计口径，东北地区城镇化水平为47.51%，全国城镇化水平仅为26.41%，高出全国近20个百分点。东北地区的城镇化水平（47.51%）高于"京津冀"地区（31.72%）、"长三角"地区（29.55%）、"珠三角"地区（36.77%）。在2000年第五次人口普查时，东北地区城镇化水平仅为52.14%，"珠三角"地区城镇化水平为55%，高于东北地区。从第四次人口普查到第五次人口普查，东北地区城镇化水平仅仅增长4.7个百分点，而"长三角"、"珠三角"分别增长了20.06%和18.24%，说明东北地区城镇人口增长速度远远落后于"长三角"和"珠三角"地区。

2010年，按照第六次人口普查统计口径，东北地区城镇化水平为57.71%，全国城镇化水平为47.5%，东北地区城镇化水平始终高于全国平均水平，但是城市人口增长速度却低于全国平均水平。2010年，东北地区城镇化水平为57.71%，"京津冀"、"长三角"、"珠三角"等三个经济区的城镇化水平都超过东北地区。在1990~2010年10年的时间里，全国城镇化年均增长速度为1.41%，东北地区仅为0.47%，"京津冀"（1.41%）、"长三角"（2.00%）、"珠三角"（2.29%）都高于东北地区。

通过以上分析得知，从 2000 ~ 2010 年，东北地区城镇化增长速度已经落后于"京津冀"、"长三角"和"珠三角"等三个经济区（见表 3 - 3），说明东北地区城镇化增长速度开始放缓，城市内部的经济发展和县域经济对农村人口吸引力非常小。按照国家城市规模等级的划分标准，2010 年东北地区中等城市（20 万 ~ 50 万人口）有 4 个，大城市（50 万 ~ 100 万人口）有 21 个，特大城市（100 万 ~ 200 万人口）有 5 个，200 万人口以上的超大城市有 4 个。

表 3 - 3　　　　　东北地区与全国主要经济区城镇化水平比较[①]　　（单位：%）

年份	1990 年第四次人口普查时期	2000 年第五次人口普查时期	2010 年第六次人口普查时期	2000 年比1990 年增长幅度	2010 年比1990 年增长幅度
全国	26. 93	36. 09	49. 68	9. 16	22. 75
东北地区	47. 44	52. 14	56. 67	4. 7	9. 23
京津冀地区	31. 72	38. 92	59. 94	7. 2	28. 22
"长三角"地区	29. 55	49. 61	69. 68	20. 06	40. 13
"珠三角"地区	36. 77	55. 01	82. 72	18. 24	45. 95

资料来源：根据 1990 年、2000 年、2010 年人口普查数据计算。

第三节　东北地区城镇化发展成效与存在的问题

从新中国成立到现在，东北地区城镇化水平始终高于全国平均水平。进入 21 世纪以后，东北地区城镇化发展速度开始放缓。自从国家提出振兴东北老工业基地战略以来，东北地区城镇化取得了明显的成

---

①　注：鉴于数据的可得性，东北地区的相关数据不包括蒙东五盟市的相关数据，"京津冀"经济区依据《京津冀都市圈区域规划研究报告》提出的北京、天津和河北 8 个地级市（石家庄、保定、唐山、秦皇岛、廊坊、沧州、张家口、承德）；"长三角"城市群范围依据《长江三角洲地区区域规划（2010）》，主要包括上海、江苏 8 个地级市（南京、苏州、无锡、镇江、扬州、泰州、南通）和浙江（杭州、宁波、湖州、嘉兴、绍兴、舟山、台州），"珠三角"城市群范围依据《珠江三角洲地区改革发展规划纲要（2008 ~ 2020）》，包括广州、深圳和广东省 7 个地级市（珠海、佛山、江门、东莞、中山、惠州、肇庆）。

效，但在现实中还存在着诸多不利因素，严重影响了东北地区城镇化质量的提升。

一、东北地区城镇化发展的成效分析

（一）城市群逐渐形成，聚集效应更加明显

2003 年，国家提出振兴东北老工业基地战略以来，在国家政策的支持下，城镇化进程不断向前发展。2009 年，国务院正式批准《中国图们江区域合作开发规划纲要——以长吉图为开发开放先导区》和《辽宁沿海经济带发展规划》，2011 年，国家发展和改革委员会批准《沈阳经济区新型工业化综合配套改革试验总体方案》为东北地区的城市发展带来了千载难逢的机遇。未来在东北地区将构建起"三群一带"的发展格局。"三群"是在"哈大经济走廊"上重点建设"哈大齐"城市群、吉林中部城市群、辽宁中部城市群，"一带"是辽宁沿海经济带。目前，在"哈大经济走廊"的公路和铁路等发展轴线上的城市共有 31 座，平均 35.5 公里就有一座城市，超过 100 万人口的特大城市共有 7 座，城市群的建设基础已经具备。沈抚同城化、长吉一体化、哈大齐城市群等战略正在加速推进。

（二）老工业基地改造取得显著效果

首先，从工业化的进程看，东北地区经济发展还处于工业化的中期阶段，经济发展水平还有待提升，新型工业化将逐渐走上正轨，在 2003 ~ 2013 年 10 年的时间里，东北地区老工业基地改造取得了明显成效，尤其是沈阳铁西工业区最为明显，区内经济实力不断增长，居民收入水平快速提升。

其次，在国家宏观政策的调控下，产业向园区集中、人口向城镇集中，促使城市内部布局逐渐合理。目前，东北地区已经具备技术、知识、信息、人才等优势。在新型城镇化的道路上，将潜在的区位、人才、技术优势转变为现实的经济优势，提高经济发展质量，促进城镇化不断向前发展，使工业化和城镇化逐渐走上协调发展的道路。

最后，资源型城市转型接续替代产业发展逐渐成形，形成了多元化替代发展模式，尤其是阜新市和辽源市发展效果最为明显。

（三）城市发展环境和各种条件明显改善

首先，东北地区正在加速建设铁路、高速公路、港口、机场等基础设施，城市之间的联系更加紧密，为城市群建设起到了促进作用。2010年开通长吉高速铁路，2015年10月，吉林—珲春高速铁路也已开通，长吉图高速铁路开通以后，有效地促进长吉图腹地、前沿、窗口联动发展。2012年12月，开通哈大高速铁路，缩短了哈尔滨到大连之间的距离，对提升东北地区城镇化质量意义重大。

其次，沈阳、大连、长春和哈尔滨等城市都在加速建设地铁和轻轨，有效地缓解了城市的交通拥堵，改善了城市交通条件。

再次，东北地区多个城市正在进行"棚户区"改造、塌陷区治理、暖房子工程、城市河道治理等工作，城市环境得到了极大的改善，改变了往日落后的城市面貌。

最后，城市社区文化结构和养老机构数量也在不断增加，公共服务体系逐渐完善。

二、东北地区城镇化面临的诸多不利因素

（一）经济实力较弱，乡村城市化动力明显不足

首先，改革开放以前，将东北地区作为国家能源输出基地，导致城市功能不健全，乡村城市化建设滞后。2003年，国家提出振兴东北老工业基地战略，产业结构中的重工业比重份额较大，外加国有企业转型，第三产业发展缓慢，为城市人口提供合适岗位较少，导致东北地区人口外流现象比较严重。东北地区相比东部沿海地区，外资注入量少，经济活跃度低。由于历史原因，东北地区形成的经济结构层次比较低。在新型城镇化道路上，促进城镇化提质升级的动力严重不足。

其次，东北地区县域类型多样，包括工业型、农业型、农垦型、边境型、森工型、旅游型、牧业型区县，多数县域经济发展水平比较落后，县

域内人口绝大部分都涌向大城市，导致地区商品消费量小，经济活跃度低，农村城镇化进程缓慢。

（二）以环境代价换取经济发展

首先，东北地区在城镇化的进程中，土地资源浪费现象比较严重。在经济发展过程中建设多个开发区和新城，导致耕地面积不断减少。根据2003年《中国城市统计年鉴》的统计数据，东北三省城市建设用地面积为2850平方公里，到2010年增加了3872平方公里，增长速度是1996～2003年的2倍。[①] 但是，部分开发区处于闲置状态或者半闲置状态，加上房产用地比重偏大，而工业用地和公共用地分摊比重份额较低，土地利用结构极不合理。

其次，东北地区的生态环境破坏现象非常严重。东北地区布局着多个化工企业和资源型城市，一些企业由于资金短缺，技术和设备更新资金缺口较大，治污设备更新缓慢，直接排放污染物，城市环境污染现象非常严重，加上各种事故和自然灾害，生态环境遭到严重破坏。

（三）资源型城市转型任务艰巨

东北地区作为老工业基地，虽然阜新和辽源等城市转型取得了显著成效，但是多数资源型城市还面临着艰巨的转型任务。多数资源型产业处于全面退出或局部退出的发展状态，亟须接续替代产业。在促进资源型城市转型的过程中，由于资源型城市经济结构单一，接续和替代产业发展缓慢，发展规模较小，居民技术水平低，在产业转型升级的过程中，就业难度较大。另外，多数资源型城市的棚户区亟须改造，各种基础设施建设严重滞后，"半城市化"现象阻碍了城镇化质量的提高。

（四）城乡二元结构突出和城市群实力较弱

首先，东北地区城乡二元结构非常突出，城乡一体化程度较低，对农村城市化的支持力度较小。农村与城市之间经济活动联系较少，城市内先进的交通设施、医疗、教育、技术、信息等功能向农村延伸速度比较缓

① 根据《中国城市统计年鉴》相关数据计算. 北京：中国统计出版社，2004.

慢，实现城乡一体化任务非常艰巨。

其次，东北地区的辽宁中部城市群和沿海经济带、吉林中部城市群、哈大齐城市带的建设处于起步阶段和城市之间的整合时期，城市群总体实力较弱。

（五）经济发展的体制机制创新严重滞后

首先，东北地区各级政府受传统观念的影响，在城镇化进程中往往是向中央政府要政策，自身发展创新能力较弱，虽然东北地区的硬件设施有所改善，但促进社会经济发展的体制机制等软环境较差。

其次，在一些地区推行先行先试政策时，城市之间产业对接和联动，政府或者政区之间障碍较多，导致地区之间产业联动和城市整合力度较差，众多非经济因素严重阻碍经济的快速发展。各级政府都把大部分精力放在大项目、大开发、大手笔和招商引资上，忽视体制机制创新，阻碍经济发展质量的提升。

本 章 小 结

本章系统地梳理了东北地区近代、新中国成立、改革开放以后的城镇化的历史演进。

一是鸦片战争以后，东北地区在帝国主义的掠夺下开启了城镇化进程，加上铁路的修建，带动东北地区形成多个资源型城市、交通型城市、港口型城市，为东北地区城市体系格局的形成奠定了基础。

二是从新中国成立至今，东北地区城镇化经历了快速发展阶段、波动起伏阶段、停滞发展阶段、缓慢恢复阶段和缓慢发展阶段。

三是东北地区城镇化水平始终高于全国平均水平，近期城镇化速度开始放缓。由于东北地区作为中国老工业基地，城市发展取得显著成效，但也面临着诸多问题，包括城镇化动力严重不足，资源型城市转型任务非常艰巨，城乡二元结构突出和城市群处于初级发展阶段，实力不足，体制机制创新程度严重滞后。

第四章

东北地区城镇化质量的测度与评价

第一节 城镇化质量评价的总体框架

为了客观地测度城镇化质量，本书从不同尺度对东北地区城镇化质量展开测度与评价。

一是确定研究区域；

二是从社会、经济、空间三个维度构建评价指标体系；

三是建立测度模型，将采集到的原始数据，经过加工处理以后进行综合计算，得到城镇化质量指数；

四是根据测度结果，将东北地区城镇化质量指数从区域和全国的角度进行比较与评价，分析其存在的问题（见图4-1）。

一、评价的具体内容

首先，以东北地区34个城市为研究对象，根据测度结果，依据各种评价标准，对东北地区的城镇化质量所属阶段、城镇化发展水平与城镇化质量的协调度、空间分异特征等内容进行系统地评价。

其次，构建评价指标体系，根据测度结果归纳出全国不同层面的城镇化发展的总体情况和空间分异特征，重点体现出东北地区在国内所处的地位和存在的差距。选取具有代表性的地域单元作为东北地区的参照系，分析东北地区城镇化质量存在的差距，进一步明确东北地区城镇化质量在全国所处的位置。

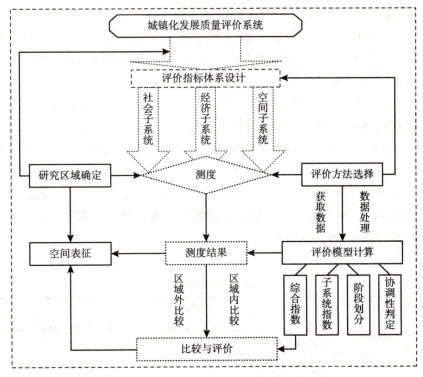

图 4 - 1　城镇化质量测度与评价的总体思路

二、评价区域的界定

新中国成立至今，东北地区作为全国老工业基地，有着综合的工业体系，完备的基础设施，丰富的农、矿、水、林等资源。自然条件、经济条件、社会条件和历史条件等方面在全国具有很强的独特性，具有一定的可比性，形成一个整体的经济单元。东北地区在经济区划上有广义和狭义之分，狭义的东北地区通常为辽宁省、吉林省和黑龙江省，即东北三省。广义的东北地区与传统的东北老工业基地相一致，在 2007 年国务院批复《东北地区振兴规划》时，在规划中包括辽宁省、吉林省、黑龙江省，内蒙古自治区的赤峰市、通辽市、兴安盟、呼伦贝尔市，后又增加锡林郭勒盟（简称蒙东五盟市），规划进一步扩大了东北地区的地域范围。

鉴于数据的可得性，本书以狭义的"东北地区"（即东北三省）作为研究对象，主要出于以下三个方面的考虑：

一是 2005 年住房与城乡建设部公布的《全国城镇体系规划纲要（2005~2020）》将中国划分为东部、中部、西部和东北地区四大板块，将东北地区划定为东北三省；

二是如果把蒙东地区包括在东北地区范围之内，因为蒙东五盟市不是一个完整的行政省域，与其他省区市进行对比时没有可比性；

三是由于蒙东地区有两个盟和三个地级市，盟与地级市的统计数据存在统计口径的差异，部分数据很难获得。

综合以上原因，将东北三省作为研究区域更为妥当。东北三省辖区内共有 36 个市、州和地区，包括 4 个副省级城市，30 个地级市，1 个地区和 1 个民族自治州（见表 4-1）。

表 4-1　　　　　　　　　　　东北地区空间单元

省份	副省级城市	地级市、州、地区
辽宁	沈阳、大连	鞍山、抚顺、本溪、丹东、锦州、营口、阜新、辽阳、盘锦、铁岭、朝阳、葫芦岛
吉林	长春	吉林、通化、白山、白城、松原、四平、辽源、延边朝鲜族自治州
黑龙江	哈尔滨	齐齐哈尔、绥化、牡丹江、佳木斯、大庆、鸡西、双鸭山、鹤岗、七台河、伊春、黑河、大兴安岭地区

资料来源：根据相关资料整理。

三、评价指标与数据来源

评价指标体系是系统要素的抽象概括，也是描述系统属性的主要标度，建立科学合理的评价指标体系是对城镇化质量进行客观准确评价的前提和基础。

（一）指标选取原则

1. 科学性原则

依据咨询统计和规划领域专家的意见，选取能够真实、客观地反映城镇化质量的基础性指标，在实践中和城市发展紧密结合，不能以偏概全、包罗万象。评价指标体系能够客观、科学地反映区域城市发展的质和量等内容。

2. 全面性原则

评价城镇化质量属于一项系统工程，涉及城镇化的发展速度，又要反映城镇化的质量。因此，指标体系能够充分地反映出城市建设过程中的产业结构、就业率、经济发展水平、基础设施承载力、城市发展空间等内容，综合反映出城镇化质量。

3. 差异性原则

地理学本身就是反映地域空间分异特征的学科，在指标选取时遵循地区差异性的特点，将差异性小和趋同性大的指标剔除，反映出评价区域内城镇化的真实水平和存在的差距。

4. 可操作性原则

在进行城镇化质量评价的过程中，由于涉及不同层次、尺度，选择的指标没有可借鉴性，原因就是一些数据不易得到，没有统一的参考标准，所以必须根据实际情况，利用各省区市的统计年鉴和统计公报发布的口径一致的原始指标来评价，以此来减少误差，评价出真实的城镇化质量。

（二）评价指标体系的构建

鉴于以往对城镇化质量的综合测度，在设计指标评价体系时，都是按照人口、经济、空间三个体系来表示，笔者认为城镇化的主体是"人"的城镇化，不应该将人口城镇化水平作为指标体系，城镇化质量主要反映城市社会服务功能的完善，经济发展水平的提高、城市功能的完善和人居环境的优化。鉴于此，在新型城镇化背景下，本书评价指标体系分为三个层次，其中第一层为目标层，反映城镇化质量（UDQ）总体情况，第二层为分目标层，主要包括社会城镇化质量（SUQ）、经济发展质量（EUQ）、空间城镇化质量（FUQ）等三个体系；第三层次为要素层，主要包括社会、经济、人居环境等各个子系统的基本要素。

结合不同评价尺度，遵循可比性强、相关性小、地域差异性大的原则，经过初步筛选和理论分析，设计出不同尺度下的评价指标体系（见表4-2、表4-3、表4-4）。

1. 社会城镇化

在新型城镇化道路上，社会城镇化主要反映社会公共服务功能的改进和完善，表征人类文明进步程度。本书选取社会服务功能、人民生活水平、就业质量三个方面来表示。其中，社会服务功能包括每百人公共图书馆藏书数量、每百人拥有教师数、每千人拥有卫生机构床位数、社会各类福利院床位数（省级层面）。人民生活水平包括人口预期寿命、恩格尔系数、城镇居民可支配收入。就业方面包括第三产业就业率、市区从业人员总数、年末职工平均工资、城镇登记失业率等指标。

2. 经济城镇化

经济发展质量是城镇化质量的核心内容，选取经济规模、发展代价（资源禀赋）、经济活跃度、产业结构4个方面表征经济城镇化质量的评价指标。其中，经济规模包括人均地区生产总值、固定资产投资总额、外贸进出口总额、预算内财政支出总额等；经济发展代价选取全市供水总量、全年供电量、万元 GDP 能耗；经济活跃度选取社会消费品零售总额、实际利用外资总额、农村人口消费支出总额；产业结构选取人均工业总产值、第三产业占 GDP 的总比重、规模以上工业增加值、建筑业占 GDP 的比重等指标。

3. 空间城镇化

空间城镇化，是空间聚集及空间扩散的结果，引起城市规模的不断扩大，城市功能的逐渐完善，选取城市发展空间、服务功能、环境治理等指标体系来表征。其中，发展空间选取人均建成区面积、人均居住用地面积、人口密度、人均城市道路铺装面积等指标；服务功能包括全年公共汽（电）车客运总量、客运总量、货运总量、城市供水管道长度等；生态环境治理在省域层面选取人均公共绿地面积、工业污染治理完成投资额、道路清扫面积、每万人拥有公共厕所、生活垃圾无害化处理率、工业废水达标排放率、工业固体废物利用率、城市垃圾无害化处理率、生活污水处理率。笔者在此说明，指标选取由于受到数据和地域差异的影响，在3个评价指标体系表中，各个类别稍微存在一些差距，具体情况见评价指标体系表，见表4-2、表4-3、表4-4。

（三）数据来源

首先，为了客观准确地测度城镇化质量，在对地级市和副省级城市进行综合测度时，数据选取范围以市辖区为准，没有覆盖到全市，指标数据均来源于历年《中国城市统计年鉴》，其中，万元 GDP 能耗根据当年的地区生产总值除以能源消耗总量计算得到，其余部分数据经过加工处理以后得到。由于大兴安岭地区和延边朝鲜族自治州的相关数据缺失，使用其他统计资料口径不一致，故这两个地区不作为本书的评价对象。在对全国地级市进行测度时，民族自治州、县级市、地区行署受到统计数据限制，因此，本书仅选取 267 个地级市作为评价对象，其他地域单元不作为评价对象，特此说明。

其次，在对省级层面进行综合测度时，各个指标的数据均来源于 2010 年《中国统计年鉴》，部分数据经过加工处理以后作为本书的评价数据，另外，我国港澳台地区由于数据缺失，不作为本书的研究对象，特此说明。

四、评价模型的构建

目前，关于城镇化质量的测度方法，主要包括多指标加权法、主成分分析法、层次分析法，由于以上方法在确定权重时随机性很强，同时主成分分析法只能提取到几个较少的综合变量，不能反映出每个子系统的得分情况。本书采用均方差赋权和线性加权法来测度东北地区城镇化质量。

（一）原始数据标准化

设有 m 个待评方案，n 项评价指标，组建决策矩阵 $W = (w_{ij})_{m \times n}$ $(0 \leq i \leq m, 0 \leq j \leq n)$，则 w_{ij} 为第 i 个待评方案第 j 个指标的指标值，以往把评价指标划分为成本型和效益型，笔者为统一指标数据之间的量纲和消除单位限制，采用离差标准化法定义标准化矩阵 $Z = (z_{ij})_{m \times n}$：

$$z_{ij} = \begin{cases} \dfrac{(w_{ij} - w_{jmin})}{(w_{jmax} - w_{jmin})} \cdots 效益型 \\ \dfrac{(w_{jmax} - w_{ij})}{(w_{jmax} - w_{jmin})} \cdots 成本型 \end{cases} \tag{4.1}$$

其中，w_{jmax} 和 w_{jmin} 分别表示指标 w_{ij} 的最大值和最小值，z_{ij} 为样本 i 指标 w_j 的极差标准化值，即属性值（$0 \leq z_{ij} \leq 1$）。

表 4 - 2　　　　　东北地区地级市城镇化质量评价指标体系

目标层	分目标层	一级指标	二级指标	单位	方向
城镇化质量（*UDQ*）	社会城镇化（*SUQ*）	社会公共设施	各类福利院床位数（X_1）	张	正向
			每千人拥有各类教师数（X_2）	名/千人	正向
			每千人卫生机构床位数（X_3）	张/千人	正向
			每百人公共图书馆藏书（X_4）	册/百人	正向
		生活水平	城镇居民可支配收入（X_5）	元	正向
		就业质量	第三产业就业率（X_6）	%	正向
			市区从业人员总数（X_7）	万人	正向
			年末职工平均工资（X_8）	元	正向
	经济城镇化（*EUQ*）	经济规模	人均地区生产总值（X_9）	万元	正向
			固定资产投资总额（X_{10}）	万元	正向
			外贸进出口总额（X_{11}）	美元	正向
		经济活跃度	社会消费品零售总额（X_{11}）	万元	正向
			实际利用外资总额（X_{12}）	万美元	正向
		发展代价	万元 GDP 能耗（X_{13}）	吨标准煤/万元	负向
			供水总量（X_{15}）	万吨	正向
		产业结构	人均工业总产值（X_{16}）	万元	正向
			第三产业占 GDP 的比重（X_{17}）	%	正向
	空间城镇化（*FUQ*）	居住与发展空间	人均建成区面积（X_{18}）	平方米	正向
			人均居住用地面积（X_{19}）	平方米	正向
			人口密度（X_{20}）	人/平方公里	正向
			人均城市道路面积（X_{21}）	平方米	正向
		服务功能	全年公共汽车客运总量（X_{22}）	万人次	正向
			客运总量（X_{23}）	万人次	正向
			货运总量（X_{24}）	万吨	正向
		生态环境治理	人均公共绿地面积（X_{25}）	平方米/人	正向
			工业废水达标排放率（X_{26}）	%	正向
			工业固体废物利用率（X_{27}）	%	正向
			城镇生活污水处理率（X_{28}）	%	正向
			生活垃圾无害化处理率（X_{29}）	%	正向

表4-3　　　　　　　　全国省级层面城镇化质量评价指标体系

目标层	分目标层	一级指标	二级指标	单位	方向
城镇化质量（UDQ）	社会城镇化（SUQ）	社会公共设施	每百人公共图书馆藏书（X_1）	册/百人	正向
			每百人拥有教师数（X_2）	名/百人	正向
			每千人拥有卫生机构床位数（X_3）	张/千人	正向
		生活水平	人口预期寿命（X_4）	岁	正向
			居民可支配收入（X_5）	元	正向
			恩格尔系数（X_6）	人	负向
		就业水平	第二产业就业率（X_7）	%	正向
			第三产业就业率（X_8）	%	正向
			城镇登记失业率（X_9）	%	负向
	经济城镇化（EUQ）	经济发展规模	人均GDP（X_{10}）	元	正向
			外贸进出口总额（X_{11}）	万美元	正向
			城镇固定资产投资总额（X_{12}）	万元	正向
		发展代价	万元GDP能耗（X_{13}）	吨标准煤/万元	负向
			年末电力供应总量（X_{14}）	万千瓦时	正向
			年末供水总量（X_{15}）	万立方米	正向
		经济活跃度	农村人口人均消费支出总额（X_{16}）	元	正向
			实际利用外资总额（X_{17}）	万美元	正向
			社会消费品零售总额（X_{18}）	亿元	正向
		产业结构	规模以上工业增加值（X_{19}）	万元	正向
			第三产业占GDP比重（X_{20}）	%	正向
			建筑业占GDP比重（X_{21}）	%	正向
	空间城镇化（FUQ）	居住与发展空间	人均建成区面积（X_{22}）	平方米	正向
			人均城市道路铺装面积（X_{23}）	平方米	正向
			人口密度（X_{24}）	人/平方公里	正向
		服务功能	城市供水管道长度（X_{25}）	公里	正向
			公共交通客运总量（X_{26}）	万人次	正向
			公共交通运营线路总长度（X_{27}）	公里	正向
			货运总量（X_{28}）	万吨	正向
		环境治理	人均公共绿地面积（X_{29}）	平方米	正向
			工业污染治理完成投资额（X_{30}）	万元	正向
			道路清扫面积（X_{31}）	万平方米	正向
			每万人拥有公共厕所数（X_{32}）	座	正向
			生活垃圾无害化处理率（X_{33}）	%	正向

表 4 - 4　　　　**全国副省级城市和地级市城镇化质量评价指标体系**

目标层	分目标	一级指标	二级指标	单位	方向
城镇化质量（UDQ）	社会城镇化（SUQ）	社会公共设施	每万人拥有教师数（X_1）	名/百人	正向
			每百人公共图书馆藏书数（X_2）	册/百人	正向
			每千人卫生机构床位数（X_3）	张/千人	正向
		生活水平	城镇居民可支配收入（X_4）	元	正向
		就业质量	第二产业就业率（X_5）	%	正向
			第三产业就业率（X_6）	%	正向
	经济城镇化（EUQ）	经济发展规模	人均 GDP（X_7）	元	正向
			外贸进出口总额（X_8）	万元	正向
			城镇固定资产投资总额（X_9）	万元	正向
		发展代价	全市供水总量（X_{10}）	万吨	正向
			全年供电量（X_{11}）	万千瓦时	正向
			万元 GDP 能耗（X_{12}）	吨标准煤/万元	负向
		经济活跃度	农村人均消费支出总量（X_{13}）	元	正向
			实际利用外资总额（X_{14}）	万美元	正向
			社会消费品零售总额（X_{15}）	万元	正向
		产业结构	第二产业占 GDP 比重（X_{16}）	%	正向
			第三产业占 GDP 比重（X_{17}）	%	正向
			规模以上工业增加值（X_{18}）	万元	正向
	空间城镇化（FUQ）	居住与发展空间	人均建成区面积（X_{19}）	平方米	正向
			人均城市道路铺装面积（X_{20}）	平方米	正向
			人均居住地面积（X_{21}）	平方米	正向
		服务功能	全年公共汽车客运总量（X_{22}）	万人次	正向
			客运总量（X_{23}）	万人次	正向
			货运总量（X_{24}）	万吨	正向
		环境治理	人均公共绿地面积（X_{25}）	平方米	正向
			工业废水达标排放率（X_{26}）	%	正向
			工业固体废物利用率（X_{27}）	%	正向
			城市垃圾无害化处理率（X_{28}）	%	正向
			生活污水处理率（X_{29}）	%	正向

（二）计算城镇化质量指数

本书采用均方差赋权法求每一指标单因素方差，对每个子系统内的方差进行归一化，其结果就是各指标的权重系数。具体步骤如下：

计算指标 w_j 的单因素方差和权重系数：

$$\sigma(w_j) = \sqrt{\frac{1}{n} \sum_{i=1}^{n} (Z_{ij} - \overline{Z_j})^2} \qquad (4.2)$$

$$\lambda_j = \frac{\sigma(w_j)}{\sum_{j=1}^{m} \sigma(w_j)} \qquad (4.3)$$

计算指标 w_j 的权重系数与属性值的乘积：

$$F_{ij} = Z_{ij}\lambda_j \qquad (4.4)$$

计算子系统的城镇化质量得分：

$$UDQ_i = \sum_{j=1}^{m} F_{ij} \qquad (4.5)$$

（三）城镇化质量与城镇化水平的协调度模型

在经济社会发展过程中，城镇化发展速度最直接的表现是城镇化水平的高低，而城镇化质量反映的是城市发展的总体水平。为了科学合理地判断城镇化质量和城镇化水平是否具有协调性（同步性），测度模型如下：

$$UE(i) = \left(\frac{Z(i) - V(i)}{|Z(i) - V(i)|} \left[1 - \frac{\min\{Z(i), V(i)\}}{\max\{Z(i), V(i)\}} \right] \right) \cdots Z(i) \neq V(i) \qquad (4.6)$$

$$UE(i) = 0 \cdots Z(i) = V(i)$$

式（4.6）中，$UE(i)$ 为城镇化发展速度与质量的协调度，$Z(i)$ 为第 i 年或第 i 个城市的城镇化质量指数，$V(i)$ 为第 i 年或第 i 个城市的城镇化水平。

第二节　东北地区地级市城镇化质量的测度与评价

根据表 4 - 2 列出的 29 项指标，利用式（4.1）～式（4.5）计算出东北地区 34 个城市的城镇化质量指数、子系统城镇化质量指数。笔者考虑到结果的可信度，在计算综合城镇化质量指数和社会、经济、城市功能等子系统的城镇化质量指数时，分别选取 2000 年、2005 年、2010 年三个截面的数据作为基础，把三个截面计算完毕以后求取平均值，得到东北地区地级市城镇化质量得分（见表4-5）。

一、东北地区城镇化质量的阶段划分

根据测度结果可知，城镇化质量指数介于［0，1］之间，依据方创琳对中国城镇化修正过的"S"型曲线，在理想状态下对城镇化发展阶段的划分标准：将城镇化质量划分为4个阶段：（0 < UDQ ≤ 0.3）为低质量阶段、（0.3 < UDQ ≤ 0.6）为加速提升阶段、（0.6 < UDQ ≤ 0.8）为优化提升阶段、（0.8 < UDQ ≤ 1）为后期完善阶段。结合东北地区城镇化质量指数，将城镇化质量指数划分为4个发展阶段。

从表4-6和图4-2可以看出，处于后期完善阶段的仅有沈阳，占东北地区地级市总数的3%；处于加速优化提升阶段的有长春、哈尔滨和大连，占东北地区的9%；城镇化质量加速发展阶段的一共有10个地级市，占东北地区地级市总数的29%；处于低质量发展阶段的地级市共有20个，占东北地区地级市总数的59%，从总体上看，东北地区超过一半以上的地级市的城镇化质量非常低。

表4-5　　　　　　　　东北地区城镇化质量得分与子系统得分

城市	SUQ	EUQ	FUQ	UDQ	排名	城市	SUQ	EUQ	FUQ	UDQ	排名
沈阳	0.682	0.805	0.702	0.815	1	辽源	0.352	0.197	0.236	0.252	20
大连	0.711	0.759	0.749	0.794	2	通化	0.347	0.161	0.359	0.282	15
鞍山	0.311	0.603	0.425	0.464	6	白山	0.341	0.189	0.226	0.240	26
抚顺	0.356	0.578	0.301	0.404	8	松原	0.272	0.199	0.301	0.245	24
本溪	0.321	0.426	0.300	0.385	10	白城	0.277	0.186	0.148	0.157	34
丹东	0.354	0.225	0.359	0.247	23	哈尔滨	0.605	0.614	0.611	0.602	4
锦州	0.382	0.503	0.308	0.338	13	齐齐哈尔	0.313	0.202	0.390	0.249	21
营口	0.320	0.502	0.396	0.360	11	鸡西	0.295	0.102	0.231	0.236	27
阜新	0.318	0.231	0.347	0.263	18	鹤岗	0.285	0.181	0.234	0.212	29
辽阳	0.371	0.478	0.321	0.357	12	双鸭山	0.289	0.161	0.235	0.233	28
盘锦	0.395	0.312	0.482	0.393	9	大庆	0.564	0.608	0.605	0.553	5
铁岭	0.298	0.108	0.431	0.277	16	伊春	0.224	0.167	0.317	0.186	30
朝阳	0.253	0.116	0.230	0.177	31	佳木斯	0.362	0.144	0.318	0.254	19
葫芦岛	0.355	0.156	0.400	0.248	22	七台河	0.239	0.164	0.273	0.241	25

续表

城市	SUQ	EUQ	FUQ	UDQ	排名	城市	SUQ	EUQ	FUQ	UDQ	排名
长春	0.606	0.601	0.634	0.627	3	牡丹江	0.303	0.305	0.321	0.323	14
吉林	0.395	0.458	0.350	0.405	7	黑河	0.254	0.132	0.189	0.171	32
四平	0.370	0.182	0.275	0.267	17	绥化	0.192	0.156	0.214	0.167	33

注：SUQ、EUQ、FUQ、UDQ 分别代表社会城镇化质量、经济城镇化、空间城镇化质量、城镇化发展质量。

表4-6   东北地区城镇化质量发展阶段划分

划分标准	发展阶段名称	数量	城市名称
0.8 < UDQ ≤ 1.	完善阶段	1	沈阳
0.6 < UDQ ≤ 0.8	优化提升阶段	3	长春、哈尔滨、大连
0.3 < UDQ ≤ 0.6	加速发展阶段	10	营口、鞍山、辽阳、本溪、抚顺、锦州、盘锦、吉林、大庆、牡丹江
0 < UDQ ≤ 0.3	低质量阶段	20	葫芦岛、朝阳、阜新、丹东、铁岭、辽源、通化、白山、四平、松原、白城、绥化、齐齐哈尔、黑河、伊春、鹤岗、佳木斯、双鸭山、七台河、鸡西

资料来源：根据计算结果整理。

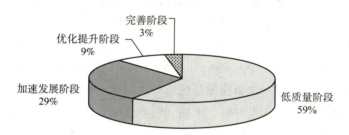

图4-2 城镇化质量各阶段城市比例

资料来源：根据计算结果整理。

（一）后期完善阶段

通过测度结果可知，沈阳市城镇化质量得分（0.815）最高，处于后期完善阶段，2000 年沈阳市人口城镇化水平为 63.25%，2010 年为 77.07%，10 年时间增长近 14 个百分点，城镇人口开始不断增长，市区人口密度在不断增加，城市就业人口超过 100 万人以上，经济发展水平在不断增长，经济发展质量得分（0.805），在东北地区排名第一。表明沈阳城镇化发展态势正在由"数量"型向"质量"型转变。在未来一个时期内，调整经济结构、完善城市服务功能，重点扶持工业和第三产业不断发展壮大，加强环境治理，提高城镇化发展质量，加速沈抚同城化建设进度，壮大辽南城市群的发展实力，将沈阳发展成为面向东北亚的国际大都市。

（二）优化提升阶段

大连、长春、哈尔滨处于城镇化质量的优化提升阶段。

首先，大连市作为东北地区的重要增长极，在东北地区具有一定的影响力，成为东北地区对外联系的"桥头堡"，进入21世纪以后，实行全域城镇化战略，2010年，城镇化水平达到了65%，城镇化质量得分在东北地区34个城市中排名第二。

其次，长春市作为吉林省省会，处于"哈大经济走廊"的中间地带，城镇化质量得分为0.627，在东北地区34个城市中排名第三。2000年城镇化水平为49.7%，2010年上升到55.5%，相比第四次人口普查到第五次人口普查的城市人口增长速度逐渐放缓。目前，城市建设区面积已达到一定规模，第三产业就业人数和基础设施建设等进展很快。缺点是城乡二元结构比较突出，城镇化质量处于优化提升阶段。

最后，哈尔滨市处于"哈大经济走廊"的最北端，城镇化质量得分为0.602，在东北地区34个城市中排名第四，人口城镇化水平开始逐渐放慢，社会、经济、空间城镇化质量得分均达到0.6以上，表明城市中经济发展和社会服务功能逐渐好转。大连、长春、哈尔滨离高标准的城镇化质量还有一段距离，提升城镇化质量是未来发展的重中之重。

（三）加速发展阶段

营口、鞍山、抚顺、本溪、锦州、辽阳、盘锦、吉林、大庆、牡丹江等10个地级市的城镇化质量得分介于0.3～0.6之间，处于加速发展阶段。近期，营口等10个地级市的人口增长速度很快，但是城镇化质量相对较低。营口、鞍山、抚顺、本溪、锦州、辽阳、盘锦、吉林、大庆、牡丹江等城市区位优势比较明显，分布在东北地区四大核心城市附近，经济规模比较大，第二产业比重较高，处于工业化的中期阶段，经济发展质量得分较高，鞍山为 0.603、抚顺为 0.578、锦州为 0.503，营口为 0.503，大庆为 0.608，盘锦为 0.482，辽阳为 0.478，产业基础比较雄厚，后发优势比较明显。城市交通环境、居住环境、社会公共设施建设有待完善。在未来城镇化进程中，提升经济总量、改善城市居住环境、生态环境，加快城乡一体化进程是未来一个阶段内城镇化发展的重点内容。

（四）低质量发展阶段

葫芦岛、朝阳、阜新、丹东、铁岭、辽源、通化、白山、四平、松原、白城、绥化、齐齐哈尔、黑河、伊春、鹤岗、佳木斯、双鸭山、七台河、鸡西等 20 个地级市的城镇化质量得分低于 0.3，处于低质量发展阶段，占到东北地区地级市的 59%，说明东北地区超过 50% 的地级市的城镇化质量总体上很低。在这 20 个地级市中，主要特点是经济发展质量得分偏低，仅有阜新和齐齐哈尔经济城镇化质量得分超过 0.2，其余 18 个地级市的经济发展质量得分均低于 0.2。

表明在城镇化进程中，经济总量偏小，经济活跃度较低，产业结构中第三产业比重偏低，导致城镇化的内生动力不足。在新型城镇化道路上，根据区域发展情况，调整产业结构，发展壮大县域经济，增加城镇化的内生动力，完善城市功能，增加环境治理力度，打造宜居的人居环境，逐步向"质量型"转变。

二、东北地区城镇化发展的空间分异特征

（一）东北地区城镇化质量的总体特征

通过表 4-5 可知，东北地区的沈阳城镇化发展质量得分（0.815）最高，白城市（0.157）得分最低，城镇化发展质量指数的标准差为 0.168，平均值为 0.335，说明东北地区空间差异性很大。

一是从地域分布上看，辽宁省仅有阜新市的城镇化质量低于东北地区的平均水平（0.335），位于辽宁沿海经济带和沈阳经济区的大连、沈阳、抚顺、辽阳、锦州的城镇化质量较高，集中连片形成城镇化质量的"凸起区"，而黑龙江省的黑河、伊春、双鸭山、鸡西、绥化、七台河等地级

市的城镇化质量得分均低于 0.3，城镇化质量非常低，集中连片形成城镇化质量的"塌陷区"，南北"两极"分化比较明显。

二是东北地区在东西分布上，在"哈大城市经济走廊"上的哈尔滨、长春、沈阳、大连等城市，由于区域和交通条件比较优越，城市的发展品质较高，由南向北形成了一条"串珠式"隆起带，但是隆起带两边的城市的城镇化质量却很低，形成了"中间高、外围低"的空间分异格局。

三是在"哈大经济走廊"整体上城镇化质量很高，但是部分城市的城镇化质量指数却很低（如四平为 0.267、铁岭为 0.277），在高质量地区形成了一个"凹槽区"。

（二）辽宁省城镇化质量的空间分异特征

通过测度结果可知，辽宁省沈阳的城镇化质量得分（0.815）最高，在辽宁省位居第一，朝阳市得分（0.177）最低，两者相差近 5 倍。表明辽宁省在城镇化发展进程中两极分化趋势比较明显。

辽宁省西北部的阜新、朝阳、葫芦岛、铁岭的城镇化质量得分低于 0.3，辽宁省中南部城市群的沈阳、抚顺、鞍山、本溪城镇化质量较高，表明辽宁省中南部城市群正在加速建设，各项基础设施和经济发展都在加速建设，同时，国家给予沈阳市经济区和辽宁省沿海经济带等诸多优惠政策，致使辽宁省中南部城市群城镇化质量明显高于辽宁省西北地区的城镇化质量。

（三）吉林省城镇化质量的空间分异特征

在吉林省 8 个地级市中，长春的城镇化质量（0.627）最高，白城的城镇化质量（0.157）最低，同时，也是东北地区城镇化质量得分最低的地级市，两者相差近 40 个百分点。由于长春市受区位和政策的影响，汽车业及配套产业、农畜产品加工业、医药等产业实力都比较雄厚，经济城镇化质量得分为 0.601，社会和空间城镇化得分均达到 0.6 以上。

吉林市城镇化质量得分 0.350，在东北地区 34 个城市中位居第七，排名比较靠前，但是城镇化质量与长春市还存在一定差距。白山、通化、辽源、四平处于吉林省东部和中部，虽然社会和空间城镇化质量较高，但是工业化水平低，第三产业比较落后，城镇化质量较低。吉林省西部的松原属于中小城市，是农业经济和石油资源型城市，由于设立地级市的时间较晚，城镇化质量较低。白城属于农业大市，工业经济发展相对缓慢。

可以看出，吉林省中部长春的城市发展品质较高，而外围城市的城镇化质量较低，形成了"一城独大、外围皆小"的分异特征，从侧面表明吉林省中部地区发展的极化现象比较明显。

（四）黑龙江省城镇化质量的空间分异特征

从黑龙江省城镇化质量的综合测度结果看，哈尔滨的城镇化质量（0.602）最高，绥化的城镇化质量（0.167）最低，两者差距很大。从空间分布格局看，由于哈尔滨市工业基础较好，区位优势和科技优势比较突出，城市基础设施正在不断完善。

大庆作为资源型城市，资源型和自体经济正在同步发展，城市基础设施正在加速建设，城镇化质量较高。黑龙江省南部的哈尔滨和大庆的城镇化质量比较高，同时牡丹江城镇化质量得分为0.323，处于加速发展阶段。黑龙江省北部的齐齐哈尔、绥化、黑河的城镇化质量比较低，以煤炭和林业资源开发为背景的资源型城市鸡西、鹤岗、伊春、七台河，由于资源枯竭和产业结构单一，吸引外资能力较差，城市转型任务艰巨，导致城镇化质量较低，城镇化质量在省内呈现出低质量的发展态势。通过以上得知，黑龙江省南部地区的城镇化质量高于北部地区，呈现出"南高北低"的分异特征。

三、东北地区城镇化质量的分项评价

（一）社会城镇化质量评价

社会城镇化质量是促进社会和谐的主要内容，包括公共福利、居民生活质量，就业质量等指标，反映各级政府对民生投入水平和政府的执政能力，是城镇化质量的"内在反映"。

首先，由表4-5可知，大连的社会城镇化质量（0.711）最高，绥化的社会城镇化质量（0.192）最低，两个城市相差近50个百分点。

其次，按照城镇化质量阶段划分标准，东北地区社会城镇化质量得分没有达到 0.8 以上的城市。沈阳、大连、长春、哈尔滨的社会城镇化质量得分介于 0.6～0.8 之间，处于优化提升阶段。大庆、盘锦、吉林、锦州、辽阳、四平、佳木斯、抚顺、葫芦岛、丹东、辽源、通化、白山、本溪、营口、阜新、齐齐哈尔、鞍山、牡丹江 19 个地级市的社会城镇化质量得分介于 0.3～0.6 之间，集中趋势比较明显，只有大庆达到 0.5，接近于哈尔滨，表明东北地区的多个城市的社会城镇化质量处于加速提升阶段，城市各项服务设施、居民生活水平和就业质量没有达到理想的状态，城市居民生活水平和幸福指数还很低。朝阳、铁岭、鸡西、鹤岗、白城、松原、双鸭山、黑河、七台河、伊春、绥化 11 个地级市的社会城镇化质量得分低于 0.3，说明城市的医疗、教育、文化等基础设施不够健全，居民生活水平和就业质量较差，在东北地区处于低水平。

因此，在新型城镇化道路上，在关注经济发展的同时，更要提高城市社会公共服务功能、生活水平和就业质量，只有提升社会城镇化质量，才能有条件促进城市人口安居乐业。只有居民收入水平的提高，才能扩大内需和拉动经济的增长，以此来破解产能过剩等诸多问题。

（二）经济发展质量评价

经济发展属于城镇化质量的核心内容，是促进城市功能完善、社会和谐的基本条件。从表 4－5 可知，沈阳的经济发展质量得分（0.805）最高，鸡西的经济发展质量得分（0.104）最低，两市相差近 70 个百分点。根据城镇化质量阶段划分阶段，沈阳的经济城镇化质量步入后期完善阶段，在东北地区排名第一。大连、鞍山、长春、哈尔滨、大庆的经济发展质量得分介于 0.6～0.8 之间，处于优化提升阶段。抚顺、锦州、营口、辽阳、吉林市、本溪、盘锦、牡丹江等地级市的经济发展质量得分介于 0.3～0.6 之间，处于加速提升阶段，后发优势比较明显。

在新型城镇化道路上，优化产业结构、发展科技密集型产业以此来提升经济发展质量。阜新、丹东、齐齐哈尔、松原、辽源、白山、白城、四平、鹤岗、伊春、七台河、通化、双鸭山、绥化、葫芦岛、佳木斯、黑河、朝阳、铁岭、鸡西 20 个地级市的经济发展质量得分低于 0.3，处于低质量发展阶段，在城镇化进程中，由于经济规模较小，经济外向度较低，部分资源型城市需要转型，工业化水平低，第三产业发展缓慢，县域经济发展缓慢，融资环境较差，经济发展质量非常低。

这也印证了以上地区城镇化的内生动力不足的说法，城镇化是靠政府投资促进城镇化向前发展，形成了"自上而下"的拉动型的城镇化发展模式。这种"自上而下"的政府拉动型城镇化发展模式是不可持续的，必须依靠经济发展来推动城镇化不断向前发展，以此来提升市内城镇化质量。

（三）空间城镇化质量评价

空间城镇化对城市建设起到一定的支撑作用，主要由城市规模、基础设施、城市服务功能、环境治理等多方面的因子构成。城市发展空间既是经济持续发展、社会进步、人类生产和生活的基本保障，也是城镇化质量的"外在表现"。

从表4－5可知，大连的空间城镇化质量得分（0.749）最高，白城市的空间城镇化质量得分（0.148）最低，两者相差近60个百分点。东北地区沈阳、大连、长春、哈尔滨的空间城镇化质量得分介于0.6～0.8之间，处于优化提升阶段，还没上升到后期完善阶段。大庆、盘锦、铁岭、鞍山、牡丹江、葫芦岛、营口、齐齐哈尔、通化、丹东、吉林、阜新、辽阳、佳木斯、伊春、锦州16个地级市的空间城镇化质量得分介于0.3～0.6之间，表明东北地区有50%的地级市处于加速提升阶段。2000～2010年，大庆、鞍山、营口、葫芦岛、齐齐哈尔、阜新市6个地级市的城市建设用地面积在迅速扩张，特别是大庆市，10年时间城市建设区面积增加了135平方公里。[①] 城市人口密度和各项基础设施也在不断增长，城市功能在逐渐完善。四平、七台河、辽源、双鸭山、鹤岗、鸡西、朝阳、白山、绥化、黑河、白城11个地级市的空间城镇化质量得分低于0.3，说明城市建设、服务功能、环境治理方面还存在很大的欠缺，同时以上11个地级市的经济发展质量得分都比较低，由于经济基础薄弱，盲目扩张城市建设区面积，但各项基础设施相对滞后，形成一种经济和空间低质型的城镇化发展模式。

（四）综合比较与评价

通过对比社会、经济、空间三个子系统的得分时发现，辽宁省大连、

---

① 根据《中国城市统计年鉴》相关数据，中国统计出版社，2002～2012年整理。

沈阳、鞍山、抚顺、本溪、锦州、营口、辽阳8个城市的经济发展实力较强，经济发展质量高于社会和空间城镇化质量，表明辽宁省多个地级市有着较高的经济发展质量。吉林省长春市的社会、经济、空间城镇化3项子系统的得分差距不是很大，属于多元驱动型城镇化，吉林市经济发展质量高于社会和空间城镇化质量。四平、辽源、通化、白山、松原、白城6个地级市的社会城镇化质量高于经济和空间城镇化质量，说明在城镇化进程中吉林省城市的服务功能、就业和生活逐渐得到改善，社会城镇化质量对提升全省城镇化质量发挥的作用较为明显，属于社会导向型城镇化。黑龙江省哈尔滨和大庆的社会、经济、空间三项城镇化质量得分相比差距不大，属于多元驱动型城市化。

黑河的社会城镇化质量高于经济和空间城镇化质量。齐齐哈尔、鸡西、鹤岗、双鸭山、伊春、佳木斯、七台河、牡丹江、绥化9个地级市的空间城镇化质量得分高于经济和社会城镇化质量。

从各省子系统城镇化质量的平均值上看，辽宁省的经济城市化质量（0.414）最高，① 社会城镇化质量（0.387）空间城镇化质量（0.401）最低；吉林省城镇化质量从高到低依次是社会城镇化质量（0.370）、空间城镇化质量（0.316）、经济发展质量（0.271）；黑龙江省城镇化质量由高到低依次是空间城镇化质量（0.328）、社会城镇化质量（0.307）、经济发展质量（0.244）。

通过对子系统的城镇化质量的分析发现，辽宁省属于经济导向型城镇化，吉林省属于社会导向型城镇化，黑龙江省属于空间导向型城镇化。这从侧面印证了辽宁省的市场经济直接推动了城镇化进程，而吉林省和黑龙江省明显经济实力不足，在城镇化进程中，吉林省和黑龙江省政府在城镇化进程中扮演着重要的角色，在某种程度上是靠政府的拉力来促进城镇化不断向前发展。

四、东北地区城镇化的协调发展类型

城镇化协调度用来表示城镇化质量与城镇化发展速度是否具有协调性

---

① 根据全省地级市社会、经济、空间城镇化质量的总和求取的平均值，下同。

（同步性）。由于部分城市的城镇化水平非常高，但是城市化发展质量非常低，两者偏差很大。

鉴于此，利用城镇化速度计算城镇化协调度存在很大的误差，以往研究成果以城镇化水平代替城镇化发展速度，通过式4.6计算出东北地区2000年和2010年两个时间点协调度 $UE(i)$，具体结果见表4-7。划分标准为：（$UE(i) < -0.5$）为质量过度滞后型、（$-0.5 < UE(i) \leqslant -0.1$）为质量滞后型、（$-0.1 < UE(i) \leqslant 0.1$）为协调型、（$0.1 < UE(i) \leqslant 0.5$）为质量超前型、（$UE(i) > 0.5$）为质量过度超前型。根据以上划分标准，东北地区的城镇化协调发展类型主要有四种类型，即质量超前型、协调型、质量滞后型和过度滞后型。

表4-7　　　　　　　东北地区城镇化协调度

城市	2000年		2010年		城市	2000年		2010年	
	$UE(i)$	类型	$UE(i)$	类型		$UE(i)$	类型	$UE(i)$	类型
沈阳	0.142	A	0.254	A	辽源	-0.706	D	-0.503	D
大连	0.111	A	0.163	A	通化	-0.485	C	-0.471	C
鞍山	-0.184	C	-0.309	C	白山	-0.703	D	-0.679	D
抚顺	-0.441	C	-0.489	C	松原	-0.580	D	-0.565	D
本溪	-0.466	C	-0.490	C	白城	-0.640	D	-0.676	D
丹东	-0.460	C	-0.491	C	哈尔滨	0.075	B	0.025	B
锦州	-0.158	C	-0.293	C	齐齐哈尔	-0.249	C	-0.435	C
营口	-0.495	C	-0.388	C	鸡西	-0.684	D	-0.641	D
阜新	-0.433	C	-0.499	C	鹤岗	-0.741	D	-0.723	D
辽阳	-0.230	C	-0.361	C	双鸭山	-0.667	D	-0.617	D
盘锦	-0.434	C	-0.404	C	大庆	0.092	B	-0.100	B
铁岭	-0.259	C	-0.342	C	伊春	-0.740	D	-0.779	D
朝阳	-0.571	D	-0.536	D	佳木斯	-0.351	C	-0.522	D
葫芦岛	-0.119	C	-0.403	C	七台河	-0.734	D	-0.644	D
长春	0.093	B	0.171	A	牡丹江	-0.384	C	-0.491	C
吉林	-0.325	C	-0.281	C	黑河	-0.561	D	-0.675	D
四平	-0.401	C	-0.358	C	绥化	-0.214	C	-0.497	C

注：$UE(i)$ 为城镇化协调度，A 为质量超前型，B 为协调型、C 为质量滞后型、D 为质量过度滞后型。

（一）质量超前型

在 2000 年和 2010 年，协调度 $UE(i)$ 处于 0.1~0.5 之间的城市包括沈阳和大连，沈阳和大连的城镇化增长速度逐渐放缓，质量开始稳步提升，城市功能完善程度和经济发展水平超前于人口城市化水平，说明城市人口在一定程度上享受到了较高的城镇化质量，社会服务功能在逐渐增强，各项制度和体制都在不断完善。2000 年，长春市城镇化协调度 $UE(i)$ 为协调型，2010 年上升为质量超前型，原因是长春市人口城镇化速度开始逐渐放缓，经过 10 年的发展，质量提升很快，城镇化开始由协调型转变为质量超前型。

（二）协调型

在 2000 年和 2010 年两个时间点上，哈尔滨、大庆的城镇化协调度 $UE(i)$ 介于 -0.1~0.1 之间，属于协调型。哈尔滨作为黑龙江省的省会，农村人口向城市的转移速度开始放缓，在 2000 年和 2010 年两个时间点上，城镇化质量与城镇化水平能够达到协调发展。大庆属于资源型城市，由于石油开采数量的减少，近年来逐渐向外地转移工人和家属，基础设施逐渐完善和经济实力不断增强，城镇化质量在东北地区 34 个城市中排名第四，城镇化质量与城镇化水平处于基本协调发展的状态。

（三）质量滞后型

从表 4-7 可知，鞍山、抚顺、本溪、丹东、锦州、营口、阜新、辽阳、盘锦、铁岭、葫芦岛、吉林市、四平、通化、齐齐哈尔、佳木斯、牡丹江、绥化 18 个地级市的城镇化协调系数 $UE(i)$ 介于 -0.1~ -0.5 之间，从第五次人口普查到第六次人口普查的 10 年时间里，以上 18 个地级市城镇人口增长速度较快，城镇化水平都超过 40%，处于加速发展阶段，与城镇化质量协调性较差，基本属于质量滞后型，邻近"过度城镇化"的界限。为了规避出现"过度城镇化"现象，必须提高城镇化质量，完善社会公共服务功能，发展劳动密集型产业，创造更多的就业岗位，实现人口、资源、社会的协调发展。

（四）质量严重滞后型

朝阳、辽源、白山、松原、白城、鸡西、鹤岗、双鸭山、伊春、七台河、黑河11个地级市的城镇化协调系数 $UE(i) > -0.5$，属于质量过度滞后型，在这11个地级市中，部分地级市的城镇化水平达到70%以上，但城镇化水平高并不代表有着高质量的城镇化（见图4-3）。以伊春市为例，2010年城镇化水平为84%，但城镇化质量得分仅为0.254，在东北地区和全国排名中都比较靠后，原因是一些林业工人被算作城市人口，但还从事农业生产，城市经济实力较弱，加上资源型城市转型，各项基础设施建设比较滞后。

在城镇化进程中，严重影响了城镇化质量的提高。二是朝阳等11个地级市在发展城镇化进程中，由于城市功能不完善，产业结构中第一产业还占有很大的份额，经济发展相对落后。目前，已经存在"过度城镇化"的风险。在未来一个时期，维持现有城镇化发展现状，实行"再城镇化战略"，挖掘经济发展潜力，着力提高城市发展品质，为城市居民打造宜居环境。

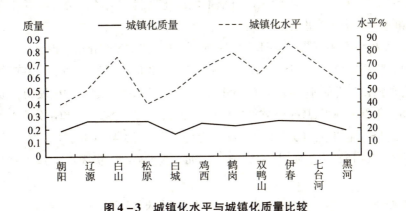

图4-3　城镇化水平与城镇化质量比较

资料来源：城镇化水平根据2010年国家人口普查数据整理所得，城镇化质量得分根据上文计算结果所得。

第三节　全国视域下的东北地区城镇化质量的
比较与评价

东北地区作为中国老工业基地，从新中国成立到现在城镇化水平始终高于全国平均水平，但是东北地区的城镇化质量在31个省、自治区、直辖市中究竟处于何种地位，始终成为学术界和各级政府没有搞清的问题。鉴于此，笔者从全国层面对东北地区城镇化质量进行横向比较，分别从省级、副省级城市和地级市层面对东北地区城镇化质量进行测度与评价，分析存在的差距。

一、东北三省与31个省区市城镇化发展质量的比较与评价

根据表4-3列出的33个项目评价指标，将收集到的数据利用式4.1对原始数据进行标准化处理，利用式4.2～式4.5确定权重，经过加权计算以后，计算出31个省、自治区、直辖市城镇化发展质量和社会、经济与空间城镇化质量得分（见表4-8）。

从表4-8中可知，在31个省区市中，上海市的城镇化质量得分（0.647）最高，贵州省得分（0.183）最低，两者相差近3倍。有20个省和直辖市的城镇化质量得分低于平均得分（0.351），占总数的60%，表明中国城镇化质量总体上很低，利用SPSS 16软件进行聚类分析，把31个省区市单位分为4个等级，划分标准如下：（0.532～0.648）为优质型、（0.415～0.531）为良好型、（0.299～0.415）为勉强型、（0.183～0.298）为低质型（见表4-9）。

表4-8　　　　　31个省、自治区、直辖市城镇化发展质量得分

省区市	SUQ	EUQ	FUQ	UDQ	名次	省区市	SUQ	EUQ	FUQ	UDQ	名次
北京	0.639	0.678	0.583	0.616	4	湖北	0.343	0.319	0.364	0.342	11
天津	0.516	0.542	0.353	0.472	7	湖南	0.289	0.392	0.311	0.334	14
河北	0.380	0.367	0.371	0.373	9	广东	0.679	0.789	0.701	0.633	3
山西	0.304	0.319	0.288	0.305	17	广西	0.253	0.210	0.205	0.222	25

续表

省区市	SUQ	EUQ	FUQ	UDQ	名次	省区市	SUQ	EUQ	FUQ	UDQ	名次
内蒙古	0.344	0.269	0.231	0.280	21	海南	0.253	0.206	0.194	0.218	26
辽宁	0.370	0.428	0.436	0.416	8	重庆	0.349	0.238	0.202	0.262	22
吉林	0.320	0.327	0.348	0.338	13	四川	0.279	0.316	0.309	0.309	16
黑龙江	0.296	0.306	0.426	0.308	18	贵州	0.186	0.195	0.167	0.183	31
上海	0.682	0.702	0.551	0.647	1	云南	0.218	0.164	0.271	0.216	27
江苏	0.481	0.819	0.573	0.634	2	西藏	0.304	0.173	0.185	0.209	28
浙江	0.519	0.578	0.446	0.517	6	陕西	0.359	0.230	0.412	0.329	15
安徽	0.314	0.277	0.283	0.291	20	甘肃	0.187	0.182	0.205	0.191	30
福建	0.364	0.356	0.305	0.342	12	青海	0.279	0.129	0.212	0.203	29
江西	0.336	0.235	0.326	0.296	19	宁夏	0.352	0.184	0.211	0.245	23
山东	0.414	0.625	0.557	0.529	5	新疆	0.237	0.182	0.320	0.244	24
河南	0.266	0.377	0.386	0.345	10	平均	0.349	0.358	0.341	0.349	

注：UDQ、SUQ、EUQ、FUQ 分别代表城镇化发展质量、社会城镇化质量、经济城镇化质量、空间城镇化质量。

表4-9　　　　31个省、自治区、直辖市的城镇化质量等级划分

类型	区间	省、自治区、直辖市	数量	比重（%）
优质型	0.532~0.648	北京、上海、江苏、广东	4	12.9
良好型	0.415~0.531	山东、浙江、天津、辽宁	4	12.9
勉强型	0.299~0.415	河北、河南、湖北、福建、黑龙江、湖南、陕西、四川、山西、吉林	10	32.3
低质型	0.183~0.298	江西、安徽、内蒙古、重庆、宁夏、新疆、广西、海南、云南、西藏、青海、甘肃、贵州	13	41.9

资料来源：根据计算结果整理。

（一）31个省、自治区、直辖市的城镇化等级类型划分结果分析

1. 优质型

从表4-9可知，北京、上海、广东和江苏的城镇化质量得分介于0.532~0.648之间，属于优质型。这四个省市的城镇化质量较好，经济总量、基础设施、就业质量较好，在全国具有一定影响力。上海、江苏处于"长三角"经济圈核心区、北京作为全国首都，广东省位于"珠三角"核

心区。由于区位优势、外资注入数量较大，科技人才优势较强，产业结构由原来的二、三、一逐渐向三、二、一方向发展，服务业占有较高比重。因此，城镇化发展质量较高。

二是北京、广东、上海、江苏4个省市在资源分配和政策优惠上具有一定优势，城市空间面积在逐渐扩大，城市服务功能在不断增强，省市内各项基础设施相对完善。

三是这4个省市正在加大民生改善力度，城市公共产品相对完善，上海、北京和广东的社会城镇化质量的得分已达到0.6以上，城镇化发展质量总体上很高。

2. 良好型

天津、山东、浙江、辽宁等4个省市的城镇化质量得分介于0.415～0.513之间，属于良好型。浙江、山东、天津、辽宁省属于沿海省份，利用海洋资源和区位优势，经济外向度较高，辽宁省正在开发沿海经济带、天津市在打造滨海新区、山东省在开发蓝色海洋经济带、浙江省的海洋经济发展示范区建设已上升为国家战略。山东省、浙江省、天津市、辽宁省经济发展质量较高，在31个省区市中排名为第五、第六、第七、第八，紧随江苏省之后。浙江省和天津市的空间城镇化质量得分较低，说明在城镇化进程中城市功能和环境治理的质量相对落后。山东和辽宁的社会城镇化质量较低，说明两省的社会公共服务功能和人民生活水平还比较低。

3. 一般型

河北、河南、湖北、福建、吉林、湖南、陕西、四川、山西、黑龙江10个省的城镇化质量得分介于0.299～0.415之间，属于勉强型。河北、福建、陕西的社会城镇化质量得分高于全国平均水平（0.349），其余7个省低于全国平均水平（0.349），表明城市生活水平和就业质量比较低。在城镇化进程中，河北和福建属于沿海经济大省，其他8个省分布在东部、中部、西部地区，经济发展已有一定基础，处于工业化初期阶段或中期阶段。福建利用海峡西岸经济区的契机，河北省在环渤海经济圈的发展战略开始启动，湖北正在加大力度推进武汉大都市圈建设，湖南省加速打造长、株、潭城市群，陕西集各方力量建设关中城市群，在一定程度上促进城镇化进程加速发展，但城镇化质量相对较低。

4. 低质型

江西、安徽、内蒙古、重庆、宁夏、新疆、广西、海南、云南、西

藏、青海、甘肃、贵州 13 个省、自治区、直辖市的城镇化质量得分处于
0.183~0.298 之间，属于低质型。在 2010 年第六次人口普查时，内蒙古
自治区和重庆市的城镇化水平都已经超过 50%，省（自治区）内一半的
人口工作和生活在城镇，但是经济发展质量和空间城镇化质量得分较低，
表明经济发展水平和城市建设水平相对较弱。安徽、江西、广西、海南、
青海、宁夏、新疆等省区，2010 年城镇化水平都超过 40%，安徽、江西
地处中国中部地带，在城镇化进程中，产业结构升级缓慢，经济活跃度较
低，对于城镇化质量提升发挥的作用较小。原因是广西和海南前期经济发
展基础薄弱，受到资源环境和各种条件的制约，城镇化质量低。

近期，广西正在加紧北部湾经济区建设速度，同时也与东盟经济区加
强合作，经济实力不断发展壮大。海南正在加快旅游岛建设力度，实现以
旅游经济带动城镇化，以此来提高城镇化质量。中国西北地区，受到"西
部大开发"的影响，城镇化水平得到快速增长，但是区域经济发展水平较
低，社会公共服务质量和城市功能的完善程度相对落后。甘肃、贵州、云
南、西藏的城镇化水平低于 40%，西藏仅为 22.7%。甘肃、贵州、云南、
西藏在 31 个省区市之中排名处于后五名。在新型城镇化进程中，建议国
内发达省区市加大对落后省区的支持力度，缩小西部经济相对落后地区与
东部发达地区之间的发展差距。

（二）空间分异特征

首先，按照《全国城镇体系规划纲要（2005~2020）》划分的四大区
域，利用区域城镇化质量的平均得分，分析区域分布特征（见图 4-4）。
第二，在全国四大区域中，东部沿海省份城镇化质量平均得分（0.475）
最高，东北地区（0.347）其次，中部地区（0.318）第三，西部地区
（0.217）最低。从整体上看，东部地区城镇化质量在全国属于优质型，其
中，北京、天津、上海、广东、江苏、浙江、山东等省市是中国经济发展
和对外开放的"领头羊"，城镇化质量较高。中部地区的山西省、湖南省、
河南省、湖北省的城镇化质量位列勉强型，城镇化质量相对较低，江西省
和安徽省属于低质型，总体上落后于东部地区，西部地区仅有四川省和陕
西省属于勉强型，内蒙古、新疆、青海、云南、贵州、西藏城镇化质量得
分较低，均为低质型。31 个省区市的城镇化质量在空间上呈现出"东高

西低"的分异特征。

其次，东北地区的城镇化质量得分和经济、社会、空间城镇化质量得分在全国四大区域中排名第二。

经济城镇化质量的得分，明显低于东部地区。通过以上测度结果得知，东北地区经济发展水平和城市建设进程相比东部地区差距很大。一是城市群建设方面与东部沿海地区相比，差距非常大，东部地区的"京津冀"都市圈、"长三角"城市群、山东半岛城市群、"珠三角"城市群已具备一定规模。虽然东北地区三大城市群和一个沿海经济带发展很快，但基础设施和产业基础还比较薄弱，对于城市整合推进作用较小。二是东北地区作为国家老工业基地，国有企业较多，进入21世纪以后，国有企业逐渐走向衰退，由于经济环境较差，导致民营经济发展比较迟缓，东北三省经济发展水平与东部先进省份相比依然落后。三是东北地区虽然城镇化水平较高，而农村城镇化水平还很低，城乡二元结构比较突出，农村人口多数流向东部沿海省份，人口严重流失为东北地区城镇化发展带来较多不利因素。

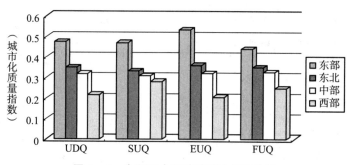

图4-4 全国四大区域城镇化质量比较

资料来源：根据31个省市测度结果整理。

注：*UDQ* 为城镇化发展质量、*SUQ* 为社会城镇化质量、*EUQ* 为经济发展质量、*FUQ* 为空间城镇化质量。

（三）东北三省城镇化质量在全国所处的地位分析

1. 辽宁省与其他省份比较与评价

首先，根据排名和质量类型划分结果，辽宁的城镇化质量在31个省区市之中排名第八，属于良好型。从得分的偏离程度看，辽宁的城镇化质量（0.403）、社会城镇化质量（0.370）、经济发展质量（0.428）和空间城镇化质量（0.406）高于全国平均水平。其次，将辽宁与全国先进省份广东、江苏进行横向比较，差距非常大。2010年，第六次人口普查时，辽宁城镇化水平（63.6%）与广东（66.2%）和江苏（60.2%）差距很小，但是城镇化质量低于广东和江苏（见图4-5）。广东城镇化质量得分（0.634）高出辽宁（0.403）将近20个百分点。辽宁经济发展质量得分（0.428）远远落后于广东（0.819）和江苏（0.789），说明经济发展质量相差近50%。

辽宁空间城镇化质量得分为0.573，广东为0.701，江苏为0.573，辽宁与广东和江苏相比，城市社会服务功能和发展空间上还存在着巨大的差距。通过以上对比分析可以看出，辽宁的社会和谐程度相比广东还存在着很大的差距，经济发展水平仅是广东和江苏的一半。因此，在新型城镇化道路上的关键是提高城镇化质量，必须加速经济发展，加快产业升级，完善基础设施，为城市居民增加福祉，逐渐缩小与经济相对发达地区的发展差距。

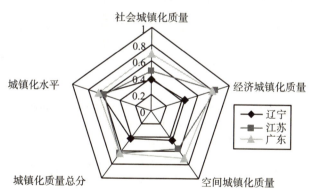

图4-5　辽宁省城镇化质量比较雷达图

资料来源：根据计算结果绘制。

2. 吉林省与其他省区市的比较与评价

吉林省作为农业大省，属于国家商品粮基地，又是全国老工业基地。通过测度结果可知，吉林的城镇化质量得分为0.338，在31个省区市中排名第十三，属于勉强型。从偏离程度上看，吉林的社会城镇化质量、经济发展质量得分均低于全国平均水平。选择山东和广东作为参照系。2010 年,山东城镇化水平为49.7%,吉林省为53.4%,广东省为66.2%。吉林城镇化水平高于山东省,低于广东,但吉林城镇化质量在三省之中最低(见图4-6)。广东城镇化质量得分为0.633,山东为0.529,吉林仅为0.338,相比广东省低30 个百分点。广东社会城镇化质量得分(0.679),高于山东(0.414)和吉林(0.320),吉林社会城镇化质量得分仅为广东的50%。

广东经济发展质量得分为0.789,吉林仅为0.327,低于广东0.462分。山东和吉林同为农业大省,山东经济发展质量得分为0.625,吉林为0.327,山东是吉林的2 倍,说明山东借助区位优势,外加产业结构在不断调整,经济发展质量很高,而吉林身居内陆,没有山东的区位优势,吉林产业结构中农业还占有一定份额,汽车产业在长春独立发展,自主研发能力还有待提升,没有与其他城市形成产业联动发展效应,进而经济发展质量非常低。广东的空间城镇化质量为0.701,山东为0.557,吉林为0.348,通过比较得知,吉林在城市建设和环境治理方面与广东存在一定差距,说明吉林省城市功能相对欠缺。在新型城镇化道路上,至少需要10年或者更长时间才能达到经济相对发达地区的发展水平。

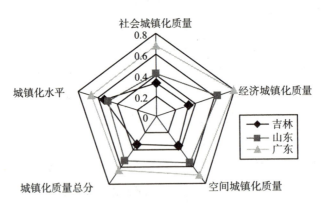

图4-6 吉林省城镇化质量比较雷达图

资料来源:根据计算结果绘制。

3. 黑龙江省与其他省区市比较与评价

近年来,黑龙江省利用振兴老工业基地的各项政策,促进省内经济快速发展,城镇化水平得到快速提高。

首先,通过测度结果可知,城镇化质量综合得分为0.308,在全国排名第18名,属于勉强型,城镇化质量得分与江西和山西相当。从偏离程度上看,仅有空间城镇化质量得分(0.426)高于全国平均水平(0.341),综合城镇化质量和社会城镇化质量、经济发展质量得分低于全国平均水平。表明黑龙江的城镇化质量在国内处于低层次行列。

其次,以江苏和浙江作为参照系。2010年,黑龙江、江苏和浙江的人口城镇化水平依次为55.4%、60.2%、61.2%,三省之间城镇化水平差距不是很大,但是城镇化质量差距却非常大(见图4-7)。江苏城镇化质量得分(0.634)高于浙江(0.517)和黑龙江(0.308),黑龙江城镇化质量低于江苏近30个百分点。江苏社会城镇化质量为0.481,黑龙江为0.296,浙江为0.519,黑龙江的社会城镇化质量相比浙江低20个百分点,表明城市居民生活水平较低,城市社会服务功能相对欠缺。江苏经济发展质量为0.819,在31个省区市中排名第一,而黑龙江仅为0.306,黑龙江与江苏差距达50个百分点,反映出黑龙江经济发展水平仅为江苏的一半。江苏、黑龙江、浙江的空间城镇化质量得分分别为0.573、0.426、0.446,三省的空间城镇化质量差距不是很大,说明近期黑龙江省正在加大城市建设力度,城市功能和环境治理正在不断完善。通过以上分析得知,黑龙江省在新型城镇化道路上,关键还是要在经济建设方面下功夫,高质量的空间城镇化仅能说明城市功能在逐渐完善。提高城镇化质量,关键还是要发展经济,由经济带动城镇化不断向前发展才是一种长久的发展之路。

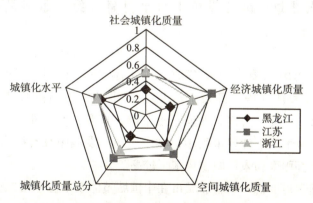

图4-7　黑龙江省城镇化质量比较雷达图

资料来源:根据计算结果绘制。

总之，将东北三省与全国经济相对发达的省区市进行对比，辽宁省城镇化质量稍好，而吉林省和黑龙江省与国内城镇化质量高的省区市对比，还存在很大的差距。分析其原因：

一是在前期城镇化进程上，东北地区作为中国老工业基地，工业基础比较雄厚，但由于近年来随着老工业产业逐渐衰退，加上受地方经济发展的体制机制的影响，经济发展速度较慢，产业结构中初级资源型产品加工业占有一定份额，导致经济发展质量较低。而东部沿海省份经济发展比较迅速，特别是城市经济和工业经济实力雄厚，民营经济比较发达，为进入城市的农村人口创造了更多的工作岗位，使居民生活水平逐渐提高，就业质量也不断攀升，进而在城镇化进程中社会城镇化质量较高。

二是由于经济发展基础好，外商投资企业较多，东部沿海地区创造良好的投资环境，支持城市建设的资金积累和投入量相对较高，使社会服务功能中的公共产品、城市发展空间和各项基础设施的数量和质量都在不断提高。通过以上分析，东北地区还需要加快产业升级，带动地方的民营经济不断发展壮大。加快发展金融、物流、商贸、旅游等第三产业，创造更多的就业岗位。只有经济实力增强才能为城市建设积累更多资金，形成一种"自下而上"推动型的城镇化模式，改变以往"等、靠、要"的思想，必须在发展经济上下功夫，促进城市化与工业化、信息化、农业现代化协调发展，提高城市化质量。

二、东北地区副省级城市与全国副省级城市的城镇化质量比较与评价

中央机构编制委员会发布的《关于副省级城市若干问题的意见》（1995）确定重庆（1997 年设直辖市）、广州、厦门、深圳、杭州、南京、成都、武汉、青岛、济南、西安、哈尔滨、长春、大连等 15 个副省级城市。副省级城市属于计划单列市，在中国经济发展中具有极强的代表性，城市功能完善程度和人口城镇化水平较高。

从地理学角度讲，副省级城市在中国城镇体系中位于第二序列，是中国各大经济区或省级经济区的发展中心和典型地域。中国东部沿海地区与东北地区的发展差距正在不断加大，将东北地区 4 个副省级城市的城镇化

质量与其他副省级城市进行比较，以此作为标杆，分析其存在的差距，对提高东北地区 4 个副省级城市的城镇化质量意义重大。

（一）全国副省级城市的城镇化质量测度与评价

将表 4 - 4 列出的 29 项评价指标的原始数据，利用式（4.1）对原始数据进行标准化，通过式 4.2 ~ 式 4.6 确定权重，经过加权计算出 15 个副省级城市的城镇化质量得分（见表 4 - 10）。从表 4 - 10 中可知，在全国 15 个副省级城市中，深圳的城镇化质量得分（0.641）最高，哈尔滨的城镇化质量得分（0.213）最低，两市相差近 40 个百分点，其余副省级城镇化质量得分介于 0.3 ~ 0.5 之间，集中趋势比较明显。利用 SPSS 16.0 软件进行聚类分析，根据聚类结果将全国 15 个副省级城市的城镇化质量得分划分为 3 个等级，划分标准如下：（$0.210 < UDQ \leqslant 0.355$）为初级型、（$0.355 < UDQ \leqslant 0.497$）为次优型、（$0.497 < UDQ \leqslant 0.641$）为优质型（见表 4 - 10）。

表 4 - 10　　　　全国副省级城市的城镇化发展质量得分与名次

城市	SUQ	EUQ	FUQ	UDQ	名次	等级
深圳	0.592	0.664	0.617	0.641	1	1
广州	0.569	0.618	0.611	0.602	2	1
杭州	0.427	0.384	0.560	0.457	3	2
厦门	0.321	0.379	0.548	0.416	4	2
青岛	0.352	0.380	0.468	0.401	5	2
沈阳	0.273	0.395	0.417	0.392	6	2
宁波	0.455	0.314	0.354	0.374	7	2
武汉	0.288	0.444	0.442	0.362	8	2
南京	0.382	0.399	0.293	0.358	9	2
大连	0.221	0.377	0.455	0.351	10	3
成都	0.461	0.285	0.275	0.339	11	3
济南	0.401	0.291	0.325	0.337	12	3
西安	0.338	0.234	0.333	0.301	13	3
长春	0.168	0.174	0.343	0.228	14	3
哈尔滨	0.226	0.157	0.256	0.213	15	3

注：UDQ、SUQ、EUQ、FUQ 分别代表城镇化发展质量、社会城镇化质量、经济发展质量、空间城镇化质量。

1. 优质型

根据 2008 年发布的《中国城市化现状调查报告》，深圳的城镇化率已达 100%，城乡之间已经实现一体化。通过测度结果得知，经济发展质量（0.664）、社会城镇化质量（0.592）、空间城镇化质量（0.617）在全国副省级城市中排名均为第一，说明深圳作为中国对外开放的"窗口"，为中国城镇化发展起到了带头作用和示范作用。广州的城镇化发展质量仅次于深圳。进入 21 世纪以后，广州在坚持"以人为本"的前提下，推行新型城镇化战略，城市文明程度和现代化水平都在不断提高。目前，广州市正在向现代化的数字城市、信息城市、智能城市和知识城市等方向发展，在全国城市行列中具有较强的竞争力。

2. 次优型

首先，杭州、南京、宁波、武汉、厦门、青岛、沈阳 7 个副省级城市的城镇化质量得分介于 0.355~0.497 之间，在 15 个副省级城市中处于中等水平，属于次优型。南京、杭州、宁波位于"长三角"地区，资源、科技、人才优势比较明显，江苏、浙江两省经济发展非常迅速，城镇化质量非常高。

其次，厦门在中国副省级城市中排名第四，属于国家沿海开放城市，城镇化质量属于次优型，经济发展质量和社会城镇化质量很低，空间城镇化质量（0.548）在副省级城市中排名第四，说明城市建设和各项服务功能发展水平较高。在全国 15 个副省级城市中，青岛的城镇化质量排名第五，紧随厦门之后。

再其次，武汉位于中国中部地区，城镇化质量得分排名第八，经济发展质量得分为 0.444，在全国 15 个副省级城市中排名第三，空间城镇化质量较高，但是社会城镇化质量得分（0.288）较低，排名第十一，说明城镇化进程中经济发展与社会服务功能极不协调。

最后，沈阳城镇化质量得分（0.392）在全国 15 个副省级城市中排名第六，城镇化质量得分与青岛和宁波比较接近，但是与深圳和广州相比还存在着很大差距。

3. 初级型

在全国 15 个副省级城市中，大连、成都、济南、西安、长春、哈尔滨 6 个副省级城市的城镇化质量得分介于 0.210~0.355 之间，属于初级型。成都的城镇化质量得分为 0.339，在全国 15 个副省级城市中排名第十一。"西部大开发"为成都发展带来千载难逢的机遇，成都作为全国统筹城乡综合配套改革试验区，城乡一体化发展战略的实施，有效地促进了城乡经济社会发展一体化的进程。虽然城镇化质量排名比较靠后，但社会城镇化质量得分为 0.461，在全国 15 个副省级城市中排名第三，说明成都符合"全国最休闲城市"的称号。济南的城镇化质量得分为 0.337，排名第十二，社会城镇化得分（0.401）排名第六，但经济和空间城镇化质量比较低。西安的城镇化质量得分为 0.301，排名第十三。大连的城镇化质量得分（0.351）排名第十，优于哈尔滨和长春。长春和哈尔滨在全国副省级城市中城镇化质量处于倒数第一、倒数第二，在全国 15 个副省级城市之中处于低级行列。

（二）东北地区副省级城市与全国副省级城市比较与评价

1. 沈阳市

通过测度结果得知，沈阳的城镇化质量得分 0.392，在全国 15 个副省级城市中排名第六，属于次优型。以深圳作为沈阳的参照系，对其城镇化发展质量进行评价。

一是深圳作为全国对外开放的窗口，2010 年深圳的城镇化率为 100%，沈阳为 77%。深圳的城镇化质量得分为 0.641，沈阳为 0.392，深圳高出沈阳市将近 20 个百分点。深圳的社会城镇化质量得分为 0.592，排名第一，沈阳为 0.273，排名第十一。

二是经济发展方面，沈阳的经济发展质量得分为 0.395，排名为第五，深圳为 0.664，排名第一。沈阳作为全国老工业基地，科技密集型产业、物流、商贸、金融、文化创意产业已经初具规模，但是相比深圳市，沈阳市的工业化水平还比较落后。

三是沈阳的空间城镇化质量得分为 0.417，深圳为 0.617。目前，深圳与东莞和惠州等周边城市已经实现同城化，对周围地域经济辐射作用较大，而沈阳与周边地区的一体化和同城化还处于起步阶段，城市群实力非常薄弱。沈阳的交通基础设施、环境治理方面与深圳相比差距非常大，如深圳的人均道路铺装面积为 34.41 平方米，而沈阳仅为 11.07 平方米。

2. 大连市

大连市作为东北地区重要的增长极，是现代化的港口城市，城镇化质量得分为0.351，在全国15个副省级城市之中排名第十。大连与深圳属于第一批沿海开放城市，以深圳作为参照系，分析大连市城镇化质量存在的差距。

一是大连的社会城镇化质量得分为0.221，排名第十四，深圳为0.592，排名第一。

二是大连的社会公共服务功能、人民生活水平还比较低，相比深圳差距较大。深圳的经济发展质量为0.664，排名第一，大连仅为0.377，排名第七。

目前，大连处于工业化的中期阶段，造船业、港口物流、石油化工等产业作为主导产业，金融业、软件开发业也有一定进展，但与深圳相比，经济发展规模相对较小。大连的空间城镇化质量得分为0.351，深圳为0.641，两市相差近20个百分点。通过以上分析得知，大连城镇化质量与深圳市相差甚远，说明大连的人民生活水平、公共教育资源、经济活跃程度和地方经济发展水平仅为深圳城镇化的初级阶段。

3. 长春市

长春市为吉林省省会，城镇化质量得分为0.228，在全国15个副省级城市中，排名第十四。以广州作为参照系，分析长春的城镇化质量存在的差距。

一是广州的城镇化质量为0.602，长春为0.228，广州高出长春市近40个百分点，说明长春的城镇化质量与广州的城镇化质量还有很大差距。

二是广州的社会城镇化质量得分为0.569，排名为第二，而长春为0.168，排名处于最后一位，表明长春的社会公共服务功能和生活质量比较低。广州的经济发展质量得分为0.618，排名第二，长春为0.174，排名第十四，表明长春的经济规模、经济活跃度方面远远落后于广州。广州的空间城市化质量得分为0.611，长春为0.343，表明长春城市功能完善和环境治理方面与广州差距非常大。广州正在向数字城市和智能城市方向发展，现代化水平较高，与周边地区的佛山已经实现同城化，而长春的城乡二元结构比较突出，与周边的中小城市经济联系较少，吉林中部城市群的综合实力较弱，长吉一体化的进程缓慢。通过以上分析可以看出，长春的城镇化质量要达到广州市的发展水平，还需要 10~20 年的时间才能实现。

4. 哈尔滨市

哈尔滨的城镇化质量得分为 0.213，各项得分均低于副省级城市的平均水平。在 15 个副省级城市中位列末端。本书以深圳作为参照系来判定哈尔滨的城镇化质量的差距。一是哈尔滨社会城镇化质量得分为 0.226，排名第十三，深圳市为 0.592，排名第一。二是哈尔滨居民就业质量和生活水平与深圳差距非常大。如 2010 年深圳城镇人均可支配收入 32380 元，哈尔滨仅为 17556 元，两市之间的人民生活水平差距非常大。哈尔滨经济质量得分为 0.157，排名第十五，深圳为 0.664，排名第一，深圳高出哈尔滨市将近 40 个百分点。从经济总量上可以看出，深圳的经济发展水平较高。2010 年，深圳人均 GDP 为 106880 元，哈尔滨为 36951 元，两市相差近 3 倍。哈尔滨的空间城镇化质量得分为 0.256，深圳为 0.617，深圳高出哈尔滨将近 30 个百分点。说明哈尔滨的城市内部建设还比较落后，如 2010 年深圳人均铺装道路面积为 34.1 平方米，哈尔滨仅为 10.96 平方米，深圳人均公共绿地面积为 371 平方米，而哈尔滨为 37 平方米，在环境治理和城市服务功能方面与深圳相比，还存在着很大的差距。

三、东北地区地级市与全国地级市城镇化质量的比较与评价

（一）全国地级市城镇化质量总体情况

将表 4-4 中所选的 29 项指标收集到的原始数据，通过式 4.1 进行标准化以后，利用式 4.2~式 4.6 确定权重，经过加权计算出 267 个地级市的城镇化质量得分，限于篇幅仅列出排名前 10 名和后 10 名城市的城镇化质量得分（见表 4-11）。

表4-11　　全国地级市城镇化发展质量得分前10名和后10名的地级市

前10名	城市	SUQ	EUQ	FUQ	UDQ	后10名	城市	SUQ	EUQ	FUQ	UDQ
1	苏州	0.524	0.700	0.645	0.637	258	庆阳	0.347	0.117	0.250	0.225
2	东莞	0.791	0.683	0.454	0.615	259	百色	0.380	0.159	0.190	0.223
3	无锡	0.461	0.637	0.634	0.595	260	临沧	0.309	0.089	0.279	0.218
4	佛山	0.487	0.578	0.603	0.567	261	宜宾	0.355	0.191	0.154	0.214
5	常州	0.434	0.560	0.605	0.549	262	白城	0.303	0.137	0.222	0.211
6	鄂尔多斯	0.502	0.429	0.673	0.545	263	崇左	0.283	0.193	0.173	0.206
7	长沙	0.444	0.416	0.674	0.527	264	定西	0.356	0.077	0.230	0.205
8	中山	0.462	0.482	0.588	0.520	265	达州	0.329	0.172	0.156	0.202
9	南通	0.410	0.471	0.607	0.512	266	商洛	0.286	0.100	0.237	0.199
10	郑州	0.442	0.396	0.636	0.504	267	陇南	0.291	0.074	0.187	0.171

注：UDQ、SUQ、EUQ、FUQ分别代表城镇化发展质量、社会城镇化质量、经济城镇化质量、空间城镇化质量。

1. 全国地级市城镇化质量的整体情况分析

首先，从表4-11可知，苏州市城镇化质量（0.637）最高，东莞市得分（0.615）第二名，第三名到第十名的城市依次为无锡、佛山、常州、鄂尔多斯、长沙、中山、南通、郑州，得分集中在0.5~0.6之间。排名后10名的城市有庆阳、百色、临沧、宜宾、白城、崇左、定西、达州、商洛、陇南，其中，陇南的城镇化质量得分（0.171）最低，苏州的城镇化质量得分是陇南市的3倍，同时排名前10位的城市的平均分为0.557，后10名的城镇化质量平均分为0.201，两者相差近5倍。

其次，在全国267个地级市中，126个地级市的城镇化质量低于全国平均水平0.356，表明中国绝大部分地级市的城镇化质量非常低。

2. 全国267个地级市城镇化质量级别划定

将全国267个地级市的城镇化质量得分与平均值之差作为分子，267个地级市城镇化质量得分的标准差作为分母，两者相除求出距离系数，以此作为全国地级市的城镇化质量得分进行等级分类标准。计算公式如下：

$$D = \frac{UDQ_i - \overline{UDQ}}{\delta} \tag{4.7}$$

式4.7中，D为城镇化质量的各个城市之间的距离系数，UDQ_i为第i

个城市的城镇化质量得分，$\overline{UDQ}$为全国267个地级市的城镇化质量的平均值，δ为标准差，以标准差的0.5作为分段标准，将全国地级市划分为6个等级：距离系数D大于1个标准差为Ⅰ级；距离系数D大于0.5~1个标准差为Ⅱ级；距离系数D大于0~0.5个标准差为Ⅲ级；距离系数D小于0~0.5个标准差为Ⅳ级；距离系数D小于0.5~1个标准差为Ⅴ级，距离系数D小于1个标准差为Ⅵ级。

利用式4.7计算出267个地级市的距离系数，按照以上分级标准，对全国267个地级市的城镇化质量进行分类，得到各个区域内城市的城镇化质量等级统计表（见表4-12）。在各区域中，每个等级城市所占比例依次为13.5%、12.7%、24.3%、20.2%、14.9%、15.4%。在全国地级市中，一级城市和二级城市所占比重较小，占全部比重的26.2%，在三级和四级中一共有99个地级市，占全部比重的44.5%，处于第五级和第六级一共有78个地级市，占全部比重的30%，各组数据之间差异性很大。

表4-12　　　　全国地级市城镇化质量指数分析区域分类统计表

区域	Ⅰ级	Ⅱ级	Ⅲ级	Ⅳ级	Ⅴ级	Ⅵ级
东部	28	17	19	14	4	5
东北	0	2	8	9	5	6
中部	5	10	33	18	9	10
西部	3	5	5	11	19	20
合计	36	34	65	54	37	41

资料来源：根据全国267个地级市城镇化发展质量测度结果整理。

3. 全国地级市城镇化质量的空间分异特征

首先，从全国区域分布看，东部地区地级市的城镇化质量平均得分高于东北地区和中西部地区。根据测度结果，计算出中国四大区域的平均得分，[①]即东部地区（0.402）>东北地区（0.401）>中部地区（0.357）>西部（0.322），形成"东高西低"的空间分异格局。

其次，从全国地级市的城镇化质量的得分看，高等级城镇化质量的地级市呈现出"群簇"状态分布，目前，中国共有10大城市群或都市圈，

① 中国四大区域范围以国家住建部.《全国城镇体系规划纲要（2005~2020）》为准。

包括辽中南城市群、"京津冀"城市群、山东半岛城市群、"长三角"城市群、福建海峡西岸城市群、长江中游城市群、中原城市群、关中城市群、成渝城市群、呼包鄂都市圈等，从计算结果得知，城镇化质量等级较高的城市群分别为"京津冀"城市群（石家庄、秦皇岛、唐山、邯郸）、山东半岛城市群（淄博、东营、烟台、日照、威海、潍坊）、"长三角"城市群（苏州、常州、无锡、南通、宁波、绍兴、温州、湖州、泰州、连云港、舟山）、海峡西岸城市群（福州、泉州）、"珠三角"城市群（珠海、江门、汕头、东莞、佛山、中山）、辽中南城市群（鞍山、抚顺、辽阳、锦州、盘锦、营口）、呼包鄂都市圈（呼和浩特、鄂尔多斯、包头）。同时，中西部的部分地级市的城镇化质量得分也比较高，如中原城市群的郑州，东北地区的大庆和鞍山等，符合中国东部地区高于中西部的发展态势，充分说明以上测度结果与中国的城市群总体发展情况吻合性较好。通过分析可以看出，城市群的城镇化质量较高，原因是这些城市群的基础设施联动效应比较明显，城市之间产业互动和协作关系较为密切，有效地提升了城镇化质量。

（二）东北地区地级市在全国的总体情况分析

东北地区的 30 个地级市与全国其他地级市进行比较时发现（见表4-12），大庆得分（0.504）最高，排名为第 16 名，白城的得分（0.211）最低，排名为第 262 名，处于末端水平。从全国地级市的城镇化质量等级划分类别可以看出，东北地区的地级市在第一等级处于空白，大庆和鞍山两个地级市处于第二等级；营口、盘锦、本溪、抚顺、牡丹江、辽阳、吉林、锦州 8 个地级市处于第三等级；辽源、铁岭、通化、四平、阜新、丹东、齐齐哈尔、佳木斯 8 个地级市处于第四等级；鹤岗、松原、鸡西 3 个地级市为第五等级；朝阳、葫芦岛、黑河、双鸭山、白山、伊春、七台河、绥化、白城 9 个地级市处于第六等级。在东北地区的 30 个地级市中，丹东、锦州、阜新、铁岭、朝阳、葫芦岛、辽源、通化、白山、松原、白城、鸡西、鹤岗、双鸭山、伊春、佳木斯、七台河、绥化、黑河 19 个地级市的城镇化质量得分低于全国平均得分（0.359）（见图4-8）。综合以上分析结果，表明东北地区超过一半地级市的城镇化质量很低，在全国地级市中处于末端水平。

表4-13 东北地区地级市城镇化质量在全国得分与排名

城市	*SUQ*	*EUQ*	*FUQ*	*UDQ*	名次	城市	*SUQ*	*EUQ*	*FUQ*	*UDQ*	名次
鞍山	0.375	0.342	0.529	0.416	48	通化	0.369	0.217	0.466	0.354	142
抚顺	0.308	0.299	0.51	0.387	84	白山	0.341	0.205	0.309	0.279	230
本溪	0.359	0.304	0.48	0.388	81	松原	0.288	0.199	0.478	0.322	187
丹东	0.239	0.273	0.48	0.339	148	白城	0.303	0.137	0.222	0.211	262
锦州	0.359	0.249	0.413	0.372	102	齐齐哈尔	0.346	0.216	0.348	0.365	131
营口	0.367	0.294	0.495	0.393	74	鸡西	0.264	0.255	0.403	0.317	192
阜新	0.298	0.229	0.493	0.353	144	鹤岗	0.240	0.273	0.388	0.323	186
辽阳	0.410	0.283	0.464	0.386	86	双鸭山	0.244	0.196	0.375	0.28	229
盘锦	0.363	0.296	0.516	0.388	79	大庆	0.412	0.403	0.608	0.504	16
铁岭	0.297	0.197	0.487	0.338	161	伊春	0.314	0.284	0.346	0.302	209
朝阳	0.296	0.232	0.289	0.270	240	佳木斯	0.339	0.24	0.324	0.349	159
葫芦岛	0.342	0.205	0.369	0.303	208	七台河	0.311	0.195	0.392	0.317	194
吉林	0.409	0.303	0.513	0.406	57	牡丹江	0.337	0.332	0.49	0.384	89
四平	0.355	0.192	0.52	0.364	130	黑河	0.209	0.196	0.424	0.291	219
辽源	0.383	0.205	0.505	0.355	141	绥化	0.270	0.219	0.232	0.236	255

注：*UDQ*为城镇化质量指数、*SUQ*为社会城镇化质量、*EUQ*为经济城镇化质量、*FUQ*为空间城镇化质量。

（三）东北地区地级市城镇化质量与全国地级市城镇化质量的比较

第一，从表4-12可知，在全国267个地级市中，东北地区的大庆和鞍山处于第二等级。

大庆为资源型城市，城镇化质量得分（0.502）在全国排名第16名，与山东省淄博市相当。早期大庆靠开发石油资源使经济发展水平提升速度很快，近期石油经济与自体经济实现历史性转变，产业结构逐渐合理，高新技术产业和服务业增加值占地区生产总值明显提高，城市与区域、经济社会、城乡一体、地企融合、县区经济联动发展的机制已经形成，市民生活水平和居民素质在不断提高，城镇化质量在全国地级市中处于第二等级。鞍山的城镇化质量得分为0.416，在全国267个地级市中排名第四十八，与广东省汕头市比较接近。鞍山位于辽中城市群的核心地带，各类经济开发区正在加速建设，被国家列为资源再生型城市，传统工业发展模式转型效益比较明显，为东北老工业基地振兴发挥示范作用，市区交通功能不断完善，城镇化质量在不断提高，在全国267个地级市中处于第二层级。

第二，营口、盘锦、本溪、抚顺、辽阳、锦州、牡丹江、吉林市8个地级市处于第三层级，8个地级市的城镇化质量得分高于全国地级市的平均分（见图4-8）。

营口、盘锦、本溪、抚顺、辽阳4个地级市的城镇化质量得分差距很小，排名分别为第74名、第79名、第81名、第84名，仅有锦州排名第102名，以上6个地级市全部集中在辽宁省中南部城市群，与全国其他城市群相比，城镇化质量处于中等水平。吉林市属于吉林省第二大城市，在全国267个地级市中排名为第57名，与铜陵、枣庄、平顶山的城镇化质量基本持平。牡丹江的城镇化质量得分为0.384，排名为第89名，与山西朔州和晋城水平相当。

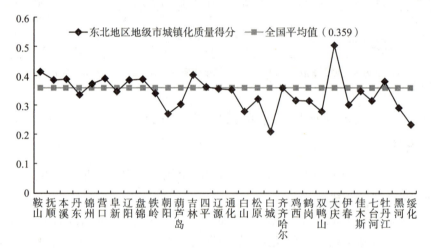

图4-8　东北地区地级市城镇质量得分与全国地级市平均值比较

资料来源：根据全国地级市城镇化质量得分计算结果整理。

第三，丹东、铁岭、阜新、通化、辽源、四平、齐齐哈尔、佳木斯8个地级市位于第四层级，除了四平和齐齐哈尔以外，其余6个地级市的城镇化质量得分低于全国平均分（0.359）。

在全国地级市中排名介于130~160名之间。丹东等8个地级市的社会城镇化和空间城镇化质量相对较高，经济发展质量得分低于0.3，反映出丹东等8个地级市经济实力相对较弱，在全国地级市中处于中下等水平。

第四，全国267个地级市中有81个地级市处于第五层级和第六层级，占全国地级市总数的 30%。

　　而东北地区的鹤岗、松原、鸡西、七台河、葫芦岛、伊春、黑河、双鸭山、白山、朝阳、绥化、白城 12 个地级市处于第五层级和第六层级。排名位于 180~267 名之间，白城排名第 262 名，城镇化质量得分低于全国平均分（0.359），与第四章第二节的东北地区地级市城镇化质量的综合测度结果对比分析，以上 12 个地级市的城镇化质量在东北地区排名比较靠后，在东北地区内属于低质型，同时与全国地级市进行比较以后发现，以上 12 个地级市的城镇化质量得分也比较低，处于第五层级和第六层级，充分说明这 12 个地级市无论是在全国层面还是在东北地区，城镇化质量都处于末端水平。在未来城镇化道路上，必须重视以上 12 个地级市的城镇化质量，不让这 12 个地级市的"半城市化"拖累东北地区城镇化整体上质量的提高。

本 章 小 结

　　本章以社会、经济、空间为视角建立评价指标体系，利用测度模型，从全国和区域的两个视角对东北地区城镇化质量进行综合测度与评价。

　　首先，从区域的角度，对东北地区 34 个城市的城镇化质量的发展阶段、空间分异特征、子系统的主导类型和城镇化水平与质量的协调度展开分析与评价。

　　其次，在全国层面上，将东北三省、东北地区的 4 个副省级城市和 30 个地级市与全国同级地域单元展开对比与评价。通过测度结果可知，东北地区城镇化质量整体上在全国范围内比较低，尤其是经济发展质量比较低，带动城镇化发展的内生动力不足，城市内部和社会服务功能与基础设施完善程度比国内先进地区还存在着较大的差距。

第五章

东北地区城镇化质量的层级划分与形成机理

第一节　城镇化质量层级形成的动力体系

在城镇化进程中，政府利用各种政策起到一定的调控职能，有效地促进了城镇化质量的提升，成为中国城镇化进程中的主导力量。利用市场经济的调节手段，巩固产业发展基础，引进外资和调节产业结构，提升地区总体实力，进一步提升城镇化质量。在新型城镇化道路上，城镇化的主体是"人"，由于观念的转变和人口素质在不断提高，消费水平的提升，需要更为体面的职业、舒适的居住空间和方便的出行条件，对城镇化的不断发展起到了一定的促进作用。因此，政府、市场、个人三者共同推进城镇化不断向前发展，同时三者共同影响城镇化的发展。

一、政府力

从新中国成立至今，在中国城镇化进程中，政府用行政手段来推动城镇化向前发展，但也出现了各种问题和弊端。总体上，政府在掌控着城镇化的进程，其中最明显的就是政府在制度设计、人口迁移、城市建设上体现了一种层次性。

（一）区域发展政策特殊倾斜

在城镇化进程中，各级政府利用政策的倾斜或者特殊扶持政策，往往给予核心城市与东部沿海城市特殊扶持政策。改革开放以后，在社会主义现代化建设过程中，实行率先支持东部沿海地区发展，逐渐向中部和西部转移的政策。在发展过程中，东部沿海地区在资金、项目审批、城市建设方面获得多项政策扶持，由于经济社会的不断进步，农村城镇化开始不断向前推进，城乡二元结构逐渐缩小，推动产城融合、城乡一体化、基础设施不断完善。1999 年，中国提出"西部大开发"战略，虽然城镇化水平得到了快速提高，从发展势头上看，东部沿海地区的城镇化水平要比中西部地区先进 10 ~ 20 年。

（二）政府层级管理制度

在政府管理制度上，中国实行的是中央政府管理省级政府，省级政府管理市级政府的管理体制。各级政府在发展过程中，省级政府和地市级政府完全遵照中央政府的意图在执行命令，形成一种"自上而下"的层级管理体系。在城镇化进程中，中央分配给地方政府的资金数额，先向经济发达的大城市倾斜，中小城市得到的资金扶持数量很少。此种体制机制导致中小城市经济建设和城市建设明显处于劣势。

（三）人口迁移管理制度

纵观中国城镇化发展政策，新中国成立初期的城镇化被快速推进，到 1958 年"大跃进"，以及后来出现的"上山下乡"，都是由政府制定的各种人口迁移制度，直接影响区域之间的城镇化发展水平。20 世纪 80 年代，国家限制人口进入大城市，积极发展中小城市，在一定程度上促进了乡镇企业的快速发展，实现了农村人口就地城镇化战略。进入 21 世纪以后，一些农村逐渐转变为城市，地区基础设施逐渐完善，成为中国重要的经济开发区、科技创新区和中国对外开放的窗口。以上海市郊区的松江、嘉定、康桥几个开发区最为明显，外资数量不断增长，与地方政府形成了良好的合作关系。

（四）产业布局制度

首先，在新中国成立初期为了经济建设的需要，往往将一些重点项目布局在资源富集区或者智力高度发达的区域，促进城镇化水平快速增长。

如在"一五"时期，苏联援建的"156个项目"，分布在东北地区、华北地区、中西部地区，由于资源的开采出现一批新兴城市，成为地区发展的中心城市。以大庆为例，因开发石油而建立起来的资源型城市，当资源接近枯竭时，大庆开始经济转型，城市建设得到了快速发展，在全国地级市中城镇化质量较高。

其次，改革开放以后，政府在规划产业布局时，往往都将重点产业布局在地理位置优越的大城市或者特大城市，由于产业的不断发展，带动了城镇化水平不断提高，基础设施逐渐完善，与周边的中小城市形成了重要的空间差异。

最后，近期随着环境污染形势的愈演愈烈，国家为了保护大城市的大气环境，将高耗能企业和高污染企业关闭，或者向200公里以外的中小城市迁移。以北京市为例，将首都钢铁公司向曹妃甸地区转移，主要目的就是为保护首都的大气环境。

二、市场力

(一) 市场经济下科学技术的不断进步与升级

从经济角度讲，城镇化是空间视角下的一种经济转化过程，农村资本、人才、资金通过经济地域运动向城市聚集，使城市成为文明的聚集地，和农业社会不可同日而语，究其原因是城镇化将高级人才、大学、具有不同特长的技术人员都集中在城市，产生大量的科研院所和大学等研究单位，这些单位与城市内部企业合作，让科学技术逐渐转化为现实生产力。再通过各种途径将技术不断向中小城市转移，而大城市在原有的基础上，科学技术向更高层次发展，带动城市规划、通信设施、交通工具更加先进，这是中小城市无法比拟的。久而久之，科学技术的进步引起了城市之间发展品质的差异，符合自然生态法则。

(二) 外资的注入

在经济全球化的背景下，劳动力、技术、资金等生产要素在全球流动，引起新的国际地域分工，外资对工业化的带动作用越来越显著。在推进城镇化的进程中，由于区域发展受到资金条件的限制，在本区域内创造良好的投资环境，吸引国内外大型企业入驻本地，促进区域经济的快速发展，对城镇化质量的影响也非常大。改革开放以后，国外大型企业来中国投资，推动中国城镇化快速发展。中国在东部沿海地区实行率先发展战略，使中国的江苏、浙江、上海成为国际技术转移、境外资本流入、技术扩散的投资地。经过一段时间发展以后，"珠三角"、"长三角"、"京津冀"等经济区有多家国际性企业来此投资，集政策优势、人才优势、产业优势成为东部沿海地区城镇化发展的多元推动力量。在吸引外资方面，中西部地区和东北地区相比东部沿海地区有一定的弱势，东北地区长期依赖国家财政支持下，促进城镇化不断向前，而借助外资注入来进行城市建设，显得实力不足，导致城镇化质量产生了非常明显的差距。

（三）产业发展基础

产业基础与地区的资源禀赋、技术水平、资金条件、信息化程度、人口素质关系密切，产业基础直接决定着城镇化质量。

首先，在大城市聚集着各种先进资源、先进技术、高级人才。通常省会城市或者区域性大城市具备产业发展的条件，工业化水平往往较高，规模以上工业企业较多，第一产业比重较低，在第二产业、第三产业的就业人口较多，区域内建起多个高新技术开发区。主城区实行"退二进三"战略，同时主城区主要承担居住、商贸、餐饮与休闲、教育等功能。在发展过程中，利用聚集的智力资源孵化出更多的产业，在一定程度上促进城镇化质量的提高。

其次，核心城市产业升级以后，原有的产业受到自然资源和环境约束，逐渐向周边中小城市转移，带动周边中小城市的经济不断发展，产业转移促进城市与城市之间交通基础整合和资源整合，在一定程度上加速了多个城市的同城化进程，逐渐向城市群方向发展。因此，产业基础严重影响了区域之间城镇化的发展品质。

三、个人力

社会分工导致城乡二元结构的出现，使就业人口在不同生产部门的重新配置。在城镇化进程中，人口由农村转入城市，带动城市人口数量不断增加。随着人口观念的转变和人口素质的不断提升，进而引起城镇化质量的提高。

（一）需求与消费观念的转变

按照马斯洛需求理论，城镇人口在满足基本温饱需求以后，为了追求自我价值实现的需要，需求观念的转变促使城市发展品质向高层次提升。在城市居民中，一部分小有资产的富裕人口，为了追求更高的生活质量和舒适的居住环境，逐渐由中小城市向大城市转移，带动大城市的人口快速增长，在大城市工作和居住，需要城市不断提高发展品质，吸引外来人口进入城市发展。由于中小城市在城市建设方面与大城市发展差距越来越大，对外来人口的吸引力略显不足。

随着城市人口收入的增高，追求高质量的人居环境成为城市人口的主要需求。因此，政府必须开发更多的游憩空间、城市绿地和生态景观，加大环境治理力度，直接带动城镇化质量的不断提升。由于收入水平的增加和现代交通工具高级化和普及化，利用节假日外出旅游已经成为一种时尚，进而要求风景名胜区和大城市不断提高铁路、公路、机场、酒店等基础设施的运行质量，进一步提高了城市文明程度，对提高城镇化质量也起到一定的促进作用。

（二）人口教育程度和农村劳动力素质的高低

首先，在经济社会发展过程中，人口素质的高低直接影响着区域经济的发展。大城市相比中小城市，教育资源比较充足，一些大城市存在多所高校，培养出很多高级人才，学生毕业以后留在大城市工作，为城市的发展增添了巨大的动力。如美国"硅谷"和北京中关村，通过吸引更多高级人才进入园区进行创业，直接促进产业的不断升级。中小城市相比大城市教育资源少，人口素质提升缓慢，创新能力不足，促进产业升级和科技研发的力量较小，多数企业停留在劳动密集型产业。

其次，克拉克·G. H. （Clark G. H. ）在 1958～1975 年对美国资本和移民关系的研究发现，随着资本的增长导致移民向经济增长较快的地区迁移。显然，随着市场经济的发展和资本的扩张，为了生产和生活的需要，农村劳动力进入城市工作为的是追求更多的经济利益。但是，大城市存在较多的科技密集型产业，发展技术密集型产业需要更多的高级人才。这在一定程度上提高了劳动者就业的门槛，就业门槛要求也拉开了城市人口的收入差距。笔者利用 2008 年、2009 年、2010 年的三个春节期间对西部地区 3 个县的返乡人员进行问卷调查，共调查 809 人，其中，27% 的被调查人文化在高中以上，同时掌握一定的技能，在北京、沈阳、大连从事工程的类、技术研发类工作。被调查人员中 54% 的人文化水平在初中以下，进入大城市只能从事建筑类、餐饮类、物流类、保洁类、服务类工作，即使工作在北京、呼和浩特、沈阳等大城市，由于收入水平低，没有稳定的住房，生存成本较高，工作一段时间以后，必然转移到中小城市或者回到农村发展。从以上分析可知，高素质的人口进入对于大城市经济发展有一定的促进作用，而文化水平较低，即使实现市民化，由于大城市就业门槛高，导致其收入水平低，必然向中小城市转移，说明人口素质的高低对于区域城镇化质量具有很大的影响。

第二节　东北地区城镇化质量层级划分与特征分析

一、城镇化质量层级性的内涵

城镇化地域运动是按照时间序列形成不断向前移动的过程，在这一过程中，由于国家对资源分配和区域发展政策的倾斜而形成"锁定效应"，由于中心极化作用，并未促进区域均衡发展，反而在区域发展过程中出现不均衡性，同时表现出较强的"中心极化"现象。由于区域内各个地级市的城镇化发展阶段和产业结构不同，形成各具特色的城镇化发展模式，导致城市之间发展实力相差悬殊，城市之间的非均衡性特征非常明显，这种非均衡性又恰恰与城镇化质量的层级性相吻合。从经济地理学角度讲，城镇化质量的层级性与大、中、小城市的城市等级体系相吻合。因此，城镇化质量的层级性是区域之间由极化走向均衡不断演化的过程。

本章选取相应的指标，运用数学模型对区域城镇化质量进行定量分析，城市化质量层级结构分布比较明显。城镇化质量层级性实际上是在城镇化进程中，由于城市功能完善程度及在地域之间发挥作用的大小形成的空间层次规律，具体包含两个方面的含义：

一是指不同区域内城市完善程度及其经济发展水平的差异性；

二是在区域内多个城市综合实力在地域之间形成的等级差异，进而引起区域内各类城市之间发展品质的空间不平衡性。

二、城镇化质量层级划分方法与结果分析

(一) 测度方法的选择

以往对城镇化综合测度结果和空间分异特征多数都以不同的标准进行类型划分。为了客观而准确地划分城镇化质量地域层级，本书利用多元统计学中的聚类分析法 (Cluster Analysis) 划分城镇化质量层级类型。聚类分析法是以"物以类聚"为核心的测度方法，亦称点群分析、群分析、簇分析。核心思想是依据研究样品或指标变量之间存在的相似性 (亲疏关系——以样品间距离衡量)，对一批样品的观测指标进行观察以后，找出一些能够度量样品或指标之间相似程度的统计量，以样品统计量为分类依据，直到把所有样品 (或指标) 逐层聚合完毕。通常聚类分析可以用案例进行分类，也可以用变量进行分类。以案例为对象进行聚类称为 Q 型聚类，另外以变量为对象进行聚类称为 R 型聚类。

确定聚类分析变量以后，计算各个对象之间的相似性 (Similarity) 和距离，反映出各对象之间的亲疏程度。很多专家学者将相关性测度分为相关测度、距离测度和关联测度等 3 种类型。相关性测度有夹角余弦、皮尔逊 (Pearson Correlation)，距离测度通常分为欧氏距离 (Euclidean distance)、明科夫斯基距离 (Minkowski metrics)、马氏距离 (Mahalanobis D^2)、绝对值距离 (Manhattan distance)。

聚类分析包括分裂法 (partitioning methods)、层次法 (hierarchical methods)、基于密度的方法 (density-based methods)、基于网格的方法 (grid-basedmethods)、基于模型的方法 (model-based methods)。本书主要应用层次聚类分析法 (Hierarchical Cluster methods) 中的聚集法 (Agglomerative Method)，聚集法的核心思想遵循自下而上的原则，把每一个案例看成

一类（n），计算 n 类样品之间的距离，将最近的两类合并，然后再重新计算类与类之间的距离，重复上面的方法再把距离最近的两类合并，每一步减少一类，直到把所有变量归为一类。层次聚类法计算类与类之间距离的方法有最短距离法、最长距离法、离差平方法、平均连接法等，本书的距离计算方法以欧式距离为准，聚集法以离差平方法（Ward's method）为准，计算类与新类之间的距离，聚类过程用一个树状图（Dendogram）来表示。最后，确定类中成员数，对各个城市之间的城镇化质量的层级进行分类。

（二）划分结果分析

运用 SPSS 16.0 软件对第四章第二节求取的东北地区 34 个城市的城镇化质量得分进行聚类，距离以欧式距离为准，聚类方法采用离差平方和法，计算过程见图 5 - 1、图 5 - 2 和表 5 - 1、表 5 - 2，将东北地区城镇化质量结果划分为 4 个层级，第一层级为东北地区四大核心城市区、第二层级为周边城市区、第三层级为外围城市区、第四层级为边缘城市区。

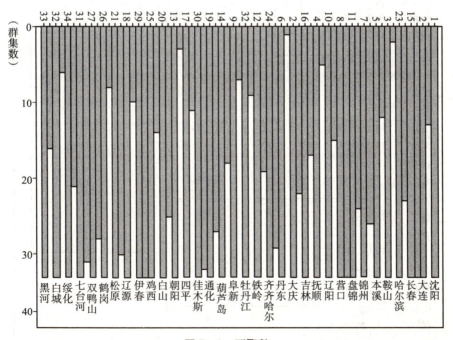

图 5 - 1　群聚数

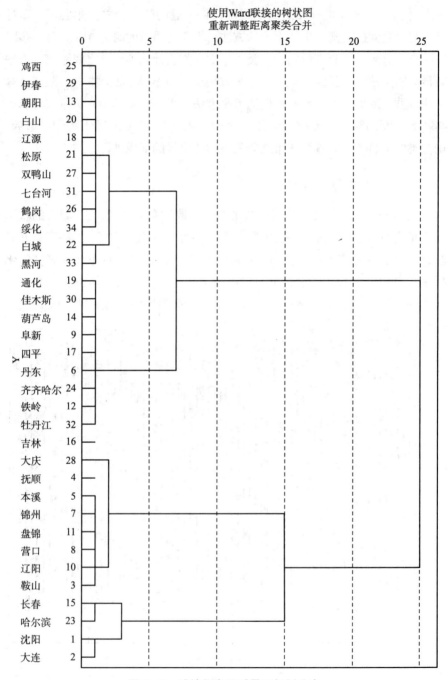

图5-2 城镇化发展质量层级划分表

表5-1　　　　　　　　　　　东北地区城镇化质量指数聚类表

阶	群集组合		系数	首次出现阶群集		下一阶
	群集1	群集2		群集1	群集2	
1	25	29	9.970E-5	0	0	20
2	19	30	0.000	0	0	7
3	27	31	0.000	0	0	6
4	18	21	0.001	0	0	24
5	6	24	0.001	0	0	15
6	26	27	0.002	0	3	13
7	14	19	0.003	0	2	16
8	5	7	0.004	0	0	10
9	13	20	0.005	0	0	20
10	5	11	0.007	8	0	14
11	15	23	0.009	0	0	30
12	16	28	0.012	0	0	17
13	26	34	0.015	6	0	26
14	5	8	0.018	10	0	19
15	6	12	0.023	5	0	25
16	9	14	0.028	0	7	23
17	4	16	0.033	0	12	29
18	22	33	0.039	0	0	28
19	5	10	0.046	14	0	22
20	13	25	0.053	9	1	24
21	1	2	0.062	0	0	30
22	3	5	0.072	0	19	29
23	9	17	0.086	16	0	27
24	13	18	0.104	20	4	26
25	6	32	0.129	15	0	27
26	13	26	0.157	24	13	28
27	6	9	0.195	25	23	31
28	13	22	0.249	26	18	31
29	3	4	0.307	22	17	32
30	1	15	0.426	21	11	32
31	6	13	0.735	27	28	33
32	1	3	1.412	30	29	33
33	1	6	2.547	32	31	0

表 5 - 2　　　　　　东北地区城镇化质量层级划分

序号	城市	层级	序号	城市	层级
1	大连	1	18	四平	3
2	沈阳	1	19	通化	3
3	长春	1	20	牡丹江	3
4	哈尔滨	1	21	齐齐哈尔	3
5	鞍山	2	22	佳木斯	3
6	辽阳	2	23	朝阳	4
7	营口	2	24	松原	4
8	盘锦	2	25	白城	4
9	锦州	2	26	辽源	4
10	本溪	2	27	白山	4
11	抚顺	2	28	绥化	4
12	吉林	2	29	七台河	4
13	大庆	2	30	伊春	4
14	铁岭	3	31	鹤岗	4
15	阜新	3	32	双鸭山	4
16	丹东	3	33	鸡西	4
17	葫芦岛	3	34	黑河	4

三、城镇化质量的地域层级范围与区域特征

（一）第一层级范围与区域特征——核心城市区

第一层级包括大连、沈阳、长春、哈尔滨四大核心城市，具体特征：

一是大连、沈阳、长春、哈尔滨位于东北地区的核心地带，在东北老工业基地占有重要地位，对全国乃至东北亚经济圈具有较强的影响力，成为中国面向东北亚开放的门户城市。

二是大连、沈阳、长春、哈尔滨属于人口超过 300 万人的特大城市，市辖区非农业人口增长速度非常快，市内全部从业人员在第二、第三产业就业率达 90%。

三是国有经济战略性调整步伐在不断加快，[①] 外资和民营经济不断发

---

① 人民网. 沈阳概况. http://shipin.people.com.

展壮大，城市发展空间和产业布局得到优化。汽车及零部件装备制造业、电子信息、化工医药、机械制造、新能源开发等产业已成为地区经济快速发展的支柱产业。旅游业、金融业、外包服务业、文化创意产业等现代服务业规模较大。科技创新能力和企业研发能力不断提高，打造了一批具有较强竞争力的产品和企业。

四是科、教、文、卫等社会事业也有很大进步，城市经济社会发展的体制机制等软环境得到了进一步改善。城市交通、供水、商业网点等基础设施比较发达。虽然东北四大核心城市的城镇化质量很高，但是，与北京、上海、广州的城镇化质量相比，还有很大差距，因此提高城镇化质量的任务非常艰巨。

（二）第二层级范围与区域特征——周边城市区

第二层级有大庆、营口、鞍山、辽阳、盘锦、吉林、抚顺、本溪、锦州9个地级市，城镇化质量得分介于0.3~0.5之间，处于加速提升阶段。具体特征：

一是这些区域性中心城市（次级中心）分布在东北四大核心城市的周边地区，受核心城市经济活动聚集与扩散的"扰动"活动较多，铁路、公路、环保、通信等基础设施逐渐与核心城市向一体化或同城化方向发展，如长吉一体化和沈抚同城化。

二是抚顺、鞍山、吉林、大庆4个地级市是人口逾百万的特大城市，另外5个地级市是人口介于50万~100万人之间的大中城市，市内非农业人口增长速度较快。

三是近年来冶金、石化、纺织、机械制造、化纤、光伏、精细化工、生物制药等资本密集型产业得到快速发展。商贸物流业、旅游业、金融业等现代服务业也初具规模。

四是城市建成区和人均绿地面积不断扩大，市内交通、医疗、教育、商业网点等基础设施逐渐完善，但是这些城市受高耗能和高污染企业的影响，大气环境污染非常严重，在未来一个时期内必须加大环境污染整治力度，发展低碳经济，改善和优化人居环境。

（三）第三层级的范围与区域特征——外围城市区

第三层级中包括铁岭、阜新、丹东、葫芦岛、四平、通化、牡丹江、齐齐哈尔、佳木斯9个地级市，介于第二层级和第四层级之间，城镇化质量还有很大的提升空间。特征如下：

一是四平和铁岭分布在哈大经济走廊上，区位优势比较明显，分别邻近核心城市沈阳和长春，牡丹江邻近核心城市哈尔滨，但城镇化质量很低，说明在经济社会发展过程中，除了自身经济基础薄弱以外，经济发展受到核心辐射作用较小，形成一种"灯下黑"效应。

二是在这9个地级市中，仅有齐齐哈尔的市辖区人口达到100万人，阜新、葫芦岛、丹东、四平市4个地级市为50万～100万人之间的中等城市。铁岭、牡丹江、佳木斯、通化4个地级市的市辖区人口低于50万人，市区人口规模小，表明绝大部分人还生活在农村，城乡二元结构比较突出。

三是阜新作为资源型转型试点城市，佳木斯、齐齐哈尔、牡丹江、丹东、四平5个地级市的县域经济发展缓慢，处于工业化初级阶段，主导产业以资源加工型为主，产品附加值低，旅游业、物流业、金融等产业发展缓慢，提升城镇化质量的动力不足。在建设新型城镇化道路上，大力发展县域经济和民营经济，完善城市基础设施，创造更多的就业岗位，改善人居环境，加强与邻近核心城市的经济联系，是提高城镇化质量的主要路径。

（四）第四层级的范围与区域特征——边缘城市区

第四层级包括朝阳、松原、白城、辽源、白山、绥化、七台河、伊春、鹤岗、双鸭山、鸡西、黑河12个地级市。这12个地级市在全国和东北地区两个层面城市化质量相对较低。具体特征：

一是在这12个地级市中，多数城市处于省际交界之间，被"边缘化"的趋势明显。

二是非农业人口占总人口的比重很高，但是全市非农业就业人员总数很低，基本上都低于35万人（黑河5.7万人、绥化4.6万人），城乡二元结构比较突出。

三是经济发展处于工业化的初期阶段，农业在地区生产总值中还占有很高的份额，规模以上工业企业数量少。物流业、金融业、旅游业等现代服务业发展缓慢。

四是部分城市定位不准，盲目搞新城和新区扩建，市区面积无限蔓延，超越经济发展和城市人口居住空间的实际需要。因此，在新型城镇化道路上，应该阻止城市面积无限制蔓延，寻求一条速度适中、高质量、内涵式、利于可持续的城镇化发展道路，同时与核心城市加强经济联动和实行对口支援，对于缩小区域差距和提升城镇化发展质量意义重大。

第三节　东北地区城镇化质量地域层级的形成机理

一、资源禀赋条件

区域资源条件是影响区域发展的重要因素，地域组合与资源禀赋对城市或区域发展通常具有两重作用：

一是自然资源是区域发展的物质基础，经济学家马歇尔认为，"许多不同的原因引起工业的地区分布"，但基础是自然条件，如气候和土壤，矿产资源和便利水陆交通的条件等。说明资源禀赋在一定程度上决定着地区产业空间结构，成为区域发展的潜在优势。

二是资源禀赋对地区的发展也会起到一定的限制作用，自然资源的分配结构限定了经济结构的选择。当资源枯竭时，给区域带来的不是利益，而是"诅咒"。

本章认为，资源禀赋对于城镇化发展起到了一定的促进作用，但不是长久之计，资源禀赋对城市发展促进作用是阶段性的。通常在开发初期，城市和区域对资源形成"路径依赖"，经济发展非常迅速，当资源枯竭时经济发展需要转型，必须寻找接续产业，否则城市经济发展将会比较困难。

东北地区有着丰富的自然资源，种类齐全，各类自然资源的质量在全国居于前列。

一是东北地区的沿海地带，多数城市依托海岸线的自然条件，建起了东北地区对外运输港口，成为东北地区对外运输的港口，形成了以大连为核心、兼顾营口、锦州、葫芦岛、丹东在内的港口群，辽宁省借此推进

"五点一线"的发展战略。借助这一优势，辽宁省中南部地区的城镇化质量非常高。

二是在城镇化进程中东北地区多个资源型城市依靠资源、开发资源，给城市发展带来了一片繁荣景象。20世纪90年代，东北地区的阜新、伊春、双鸭山、辽源等资源型城市开始进入资源枯竭期。受到产业结构单一的影响，转型难度大，第三产业发展缓慢，下岗职工多，财政转移支付力度小等各种不利因素的影响，经济发展和城市建设比较缓慢。通过以上分析，资源禀赋对区域与城市发展品质的影响力非常大。

二、政策条件

一是中国实行中央政府管省、省管市、市管县的层级管理体制，在隶属关系上中央政府和省级政府拥有绝对的人权、财权、改革权。中央和省级政府通过国有企业和财政税收等方式占有大量资源，又通过财政补贴、专项资金、建设项目等形式向下级政府进行二次分配，往往一些建设项目、专项资金都先向大城市倾斜，导致核心城市明显高于外围、边缘城市，以2005～2010年的固定资产投资总额为例（见图5-4），外围、边缘城市在资源分配时显然处于弱势地位。

二是中央和省级政府在统一部署区域发展战略时，通常都是将一些重大项目、战略企业都布局在核心城市，外围、边缘中小城市布局得少。2003年，国务院提出振兴东北老工业基地战略，国家相继批准5家国家级经济技术开发区和7家国家级高新技术开发区（见表5-3），都集中布局在大连、沈阳、营口、鞍山、长春、吉林、哈尔滨、大庆。通过以上得知，执行政策的非均衡性带动核心城市的非农产业快速发展，创造出更多的就业机会，使就业人口数量显著提高。而外围、边缘城市在政治资源和经济实力上无法与核心城市抗衡。长此以往，丧失了许多发展机会，因此中小城市的人均地区生产总值、人均工业生产总值很低、社会消费品零售总额偏低。

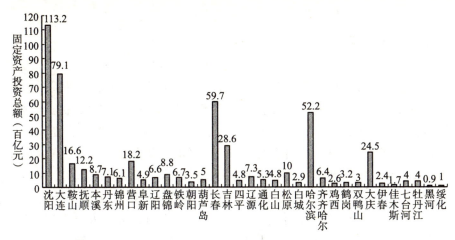

图 5 - 4　东北地区地级市固定资产总额差异（2005～2010 年）

资料来源：根据历年《中国城市统计年鉴》计算整理所得，北京：中国统计出版社。

表 5 - 3　　2007 年以前国务院批准东北地区国家级开发区和高新技术开发区

开发区名称	批准时间	面积（公顷）	主导产业
沈阳经济技术开发区	1993.04	1000	装备制造、汽车及零部件、医药化工
大连经济技术开发区	1984.09	2000	石油化工、电子及通信设备、电气机械、金属制品
营口经济技术开发区	1992.10	560	矿产加工、粮食加工、木材加工、皮革加工、服装加工
长春经济技术开发区	1993.04	1000	汽车零部件、光电信息、生物制药、粮食深加工、新型建材
哈尔滨经济技术开发区	1993.04	1000	汽车及零部件、医药、食品、电子、纺织
沈阳高新技术开发区	1991.03	2750	电子与信息、光机电一体化、生物、医药
大连高新技术产业园区	1991.03	1300	软件和信息服务业、生物技术与医药产业、新材料
鞍山高新技术开发区	1992.11	750	光机电一体化、新材料、电子与信息
长春高新技术开发区	1991.03	1911	光机电一体化、生物、医药技术、电子与信息
吉林高新技术开发区	1992.11	436	光机电一体化、生物医药、化工
哈尔滨高新技术开发区	1991.03	2370	光机电一体化、生物、医药、电子与信息
大庆高新技术开发区	1992.11	1430	石油及天然气产品精深加工、新材料、电子与信息

资料来源：中国开发区审核公告目录，中国计划出版社，2006。

三、人口条件

一是核心城市在就业机会、劳动报酬、教育资源等方面与外围、边缘中小城市存在着巨大差异，吸引更多的流动人口流向大城市，促进沈阳、长春、哈尔滨等大城市的人口总数、人口密度和就业人数显著提高。在2000年，国家第五次人口普查时，东北地区的流动人口主要集中在以沈阳为中心的辽宁中部城市群和以长春为中心的吉林中部城市群。2010年第六次人口普查时，大连、沈阳、锦州、营口、辽阳、盘锦、长春、吉林、哈尔滨、大庆10个地级市的普查人口高于户籍人口，成为人口净迁入区，其中，沈阳和大连两市的普查人口比户籍人口高出91万人和82万人。[①]相反，朝阳、伊春、绥化、辽源、黑河、鹤岗6个地级市的普查人口小于户籍人口，属于人口净迁出区。

二是在东北四大核心城市布局着多所高校，为国家培养大量的人才，同时高校学生毕业以后，多数学生留在沈阳、大连、长春、哈尔滨等城市工作，带动四大核心城市的人口数量迅猛增长，高素质人才的增加为经济发展和产业升级注入了新鲜血液。

四、区位条件

鸦片战争以后，由于辽宁沿海地带地理位置比较优越，外国势力进入东北地区，辽宁沿海地区的牛庄（营口）、大连港被迫开埠，1902年年末，哈尔滨—旅顺铁路建成通车，带动沿线城市大连、奉天（今沈阳）、长春、哈尔滨的城市规模和产业规模不断发展。1941年，奉天（今沈阳）全市人口达到143.7万人、长春60.5万人、哈尔滨68万人。改革开放以后，东北地区的铁路、公路、水陆、航空等基础设施逐步完善，大连、沈阳、长春、哈尔滨成为东北地区的交通枢纽，利用区位优势吸引更多的人流、物流、信息流等要素向核心城市聚集，直接带动城市建成区面积、市内道路铺装面积、人均绿地面积的不断扩张。近期，随着交通网络的逐渐

---

① 国务院人口普查办公室、国家统计局人口和就业统计司编. 中国2010年人口普查资料. 中国统计出版社，2012。

完善，尤其是高速公路的大规模建设，加上建设各类开发区，成为核心城市空间扩张的主要动力。带动东北地区形成以大连、沈阳、长春、哈尔滨为中心的三大城市群和一个沿海经济带——辽中城市群、吉林中部城市群、"哈大齐"城市群和辽宁沿海经济带，成为东北地区城镇化的核心区域。外围、边缘中小城市由于地理区位差，各种要素流动需要非常昂贵的地理（环境）成本，经济发展和城市规模扩大受到严重制约，从而城镇化质量提高缓慢。

五、传统计划经济时期的遗留问题

在新中国成立初期，国家把 56 个重点项目布局在东北地区，很多国有企业不断发展壮大。改革开放以后，部分国有企业受到市场和技术的冲击逐渐改制或倒闭。民营经济不断发展壮大，按照经济利润的聚集原则，民营经济不断向沈阳、大连、长春、哈尔滨等大城市聚集，产业结构逐渐得到优化。时至今日，东北地区部分城市（如齐齐哈尔、牡丹江、丹东、佳木斯），受传统计划经济思想影响较深，国有经济总量还占有很大比重，国有经济与民营经济最大的不同之处就是空间固定性，并且国有企业多以高耗能、高污染产业为主，万元 GDP 能耗非常高，工业废物综合利用率低，导致城市环境污染非常严重。在传统计划经济时期，东北地区在全国产业分工体系中，被赋予能源、原材料生产基地的职能。把矿产能源作为初级产品销往全国，价格非常低廉，回报率低，形成"产品剪刀差"，导致一些资源型城市无力承担城市建设费用，在一定程度上阻碍了城市建设进程。长此以往，由于政策执行的不均衡性和传统计划经济导致的城市功能不完善，城镇化质量形成层级差异是一个明显的事实。

本 章 小 结

首先，本章在理论层面分析了城镇化质量层级体系动力体系，从政策、市场和个人 3 个角度对动力体系进行深入解读，充分认识城市地域层级产生的主体作用。进一步讲，城镇化的地域层级是由各种要素引起的地域不平衡性，形成地域层级性。

其次，通过数学度量方法，把东北地区 34 个城市划分为 4 个层级，即核心城市区、周边城市区、外围城市区和边缘城市区，对每一个层级内的城市所具备的特征进行解析。

最后，以区域经济地理学条件论为基础，从资源禀赋、区位条件、政策条件、人口条件、传统计划经济遗留问题等方面探讨了东北地区城镇化质量地域层级的形成机理。

第六章

新形势下东北地区城镇化质量的调控机制与策略

第一节　城镇化质量调控体系的建立

一、新形势下城镇化的调控目标

全国人大财经委员会副主任尹中卿曾经讲到，快速推进城镇化不是问题，关键是在城镇化进程中，进行合理地调控和科学地管理城市。基于以上说法，在召开中央城镇化工作会议时，重点指出城镇化是一个"水到渠成"的过程，不能"大跃进"式搞一些不切实际的城镇化。根据新型城镇化的发展理念，主要从以下三个方面对新型城镇化进行调控，以此来实现高质量的城镇化。[①]

（一）新型城镇化的促进社会和谐的调控目标——实现"以人为本"

在未来城镇化道路上，不能将农村人口转移到城镇或者由农村户籍改为城市户籍就认为实现了城镇化。需要完成以下几点，才能实现"以人为本"的城镇化战略。

---

① 参见刘永刚. 新型城镇化不只是农民市民化. http://www.chinanews.com. 2013 – 03 – 05.

第一，在城镇化进程中，要保障人有自由迁徙的权利，农民是否愿意进城发展，需要根据所具备的各项条件，不能采取强制措施迫使农民进入城市生活。

第二，政府应该制定分层次的就业政策，大力发展第三产业，加大物流、金融、餐饮、商贸等产业的支持力度，创造更多的就业岗位，保障居民有基本的收入。

第三，按照马斯洛需求理论，在解决基本温饱问题以后，为实现高层次的需求，还要继续加大医疗改革力度，建立多家医疗和养老机构，为居民健康和养老创造更多条件，进而提高城市居民的生活质量。

第四，加大教育资源扶持力度，让每个人都有接受教育的权利，只有提高人口素质，才能从根源上提升城镇化质量。

第五，政府应该加大民生投入力度，让生活在城市的居民有一个和谐的宜居环境，必须完善生活、交通、市政等基础设施，减少居民生存成本，增加幸福指数。

（二）新型城镇化的经济调控目标——实现资源集约利用和产业与城市协调发展

在面临经济转型的关键时期，中国城镇化将面临巨大的挑战，由于资源浪费较多，城乡二元结构突出，必须加强资源的集约利用。鉴于以上问题，调控目标如下：

一是在产业发展过程中，随着科学技术的不断进步，产业结构发展不断升级，形成产业链条，加强资源的综合利用，让资本、土地、人才等基本生产要素发挥更多的经济效益。

二是在城镇化进程中，促进产业与城市协调发展。通过产业整合，使大小不同、功能各异的大中小城镇，形成统一和谐的整体，进而增加城市群的整体实力。

三是加速城乡一体化进程，将城市功能和服务逐渐向农村延伸，大力发展乡镇企业，解决更多的人口就业，增加农村人口的收入水平，激活农村消费市场，对缓解产能过剩和扩大内需都有一定的促进作用。

（三）新型城镇化的生态方面优化目标——实现低碳化和可持续发展

按照人地关系理论，可持续发展的核心理念是"当代人一定要留给下一代人不少于自己的可利用的资源"。新型城镇化的生态理念是保护、节能、低碳。

一是保护资源。响应党中央保住 18 亿亩耕地的号召，① 应该对现有土地进行普查，加强土地利用效率监管，盘活存量土地，控制增量土地，严禁地方政府用荒坡秃岭来替代高质量的耕地。目前，在中国 667 个城市之中有 2/3 的城市存在缺水或者严重缺水，随着城市人口的增多和工业用水数量的增加，促进水循环二次利用，保证城市基本生活用水。按照全国主体功能区划方案，对森林、湖泊、湿地、海岸线等资源进行重点保护。

二是节能。要想实现可持续发展的城镇化，必须加大科技投入力度，向智慧城市发展，开发低耗能的生活设施，科学规划城市交通格局，促进节能减排。

三是低碳出行、低碳发展、低碳生活已经成为 21 世纪的主题。在日常发展过程中，要大力提倡低碳出行，生产领域促进产业升级，生活上提倡节俭，减少温室气体排放和垃圾物排放，让城市大气环境彻底回到蓝天白云的状态。同时在规划过程中，倡导低碳建筑和节能建筑，推广低碳节能分级认证制度，建筑能耗标识制度，将城市建设与规划向低碳化方向发展。

二、城镇化健康有序发展的调控机制

建立城镇化的调控机制，对促进城镇化和谐有序发展意义重大。笔者认为，城镇化的调控机制主要包括政府干预机制、市场经济运行调节机制、法规政策调控机制。

（一）政府干预机制

政府干预机制，是提升城镇化质量的重要保障，在调控过程中发挥着

---

① 夏珺. 坚守 18 亿亩耕地，保住 13 亿人"饭碗"，人民时报，2009－03－14。

重要的作用。由于城镇化发展的复杂性和自组织性，靠市场调节机制是远远达不到最终目的，但通过行政干预机制还不能完全脱离市场调节机制，二者互相促进。政府干预机制是通过发布行政指令、政策、制度等对各地区的城镇化的发展战略、目标导向、实现途径等进行监督与控制。在政府引导下，利用行政干预手段，通过政府宏观调控，分析好当前某个区域经济发展现状和所处阶段，真正了解当地的区情，不能脱离实际，实事求是地制定城镇化的发展战略。

（二）市场调控机制

首先，市场调控机制是按照市场化经营、企业化运作、产业化发展的思路，促进城镇化不断向前发展。通过市场经济调节机制，促进各种资源按照市场规律进行流通和交易，让其更好地发挥经济效益和运行效率，进而提高城镇化的整体效益。从总体上讲，通过市场调节机制，将区位、经济、人口等潜在优势变为现实的经济优势。

其次，在社会主义市场经济发展过程中，发挥经济杠杆的调节机制，重点是调控城乡之间土地流转、住房、融资等基本问题，让各项资本按照市场规律运行，顺势而为，适当地推动城镇化健康向前发展。

（三）法规政策调控机制

法制调控机制包括法律约束机制和制度导向机制，上文提到的政府干预机制是按照行政权力进行主观控制与调节。根据城镇化发展的价值取向和调控目标，为实现"以人为本"、提高资源节约利用效率、可持续发展等三大目标，结合不同地域的实际情况，利用法律调控措施，为了使城市与区域发展战略和调控措施被政府和居民执行和接受，必须上升到法律层面，通过法律途径来促进新型城镇化健康发展。

因此，法制调节机制是城镇化进程中实施各项战略的重要保障。制度导向机制是促进城镇化健康、有序、快速发展的一个重要内容，法制调控方式是政府的政策通过颁布法律的形式来实现。城镇化进程中涉及人口就业制度、住房制度、社会保障、医疗、教育、城乡规划、财政税收制度、土地使用与审批制度等，目前部分制度还有待完善，如农村土地流转制度。鉴于此，必须完善以上各项制度，突破制度盲区，为城镇化健康发展保驾护航，快速提升城镇化质量。

三、城镇化健康有序发展的调控手段

（一）通过城市规划手段来调控

规划手段是解决城镇化各种问题的重要手段，城市规划在发展过程中起着重要的引领作用。一个城市的历史首先要看规划，规划科学是最大的受益，规划失误是最大的浪费，规划折腾是最大的忌讳。城镇化的最初目的是为城乡居民创造良好的生活环境，而城市规划的本质是有效地、合理地、科学地创造舒适的城市生活空间，满足不同社会组织和群体生产和生活的需要。当前，部分地方政府在对城市进行规划时，往往注重形象工程，忽视生活设施的完善。如一个百万人口的特大城市能建起大广场，却不能建起居民社区卫生服务站，给居民生活带来极大的不便。因此，在规划过程中，必须重视当前亟须解决的社会问题。

首先，前期一定做好城市建设的总体方案，使其百年之内不落后、不更改，贯通历史、现在、未来，让历史文化景观与现代建筑永续利用。

其次，在城市规划过程中，各级政府应该结合用地布局，统筹人口与资源，重点解决居民住房和公共服务设施的均衡布局问题，是维持城市正常运行、促进社会和谐、实现可持续发展的根本保障。

最后，在制定城市规划过程中，实行公众参与制度，举行听证会，充分了解老百姓的真正诉求。

（二）完善调控政策体系

在社会主义市场经济条件下，中国正处于经济转型时期，在新型城镇化道路上，通过政府来解决社会的热点问题，避免"市场失灵"的现实困难。因此，各项政策体系的完善与实施是保障城镇化向高质量迈进的主要途径。

一是建立农村土地确权制度、社会保障制度、公租房制度、土地供应制度等，满足弱势群体的基本需求，给就业者和创业人员宽松的发展环境。

二是政府应该在公共空间、交通、垃圾和污水设施处理方面出台各项管理制度，确保城市能够正常运转。

三是建立城市整合和城市群培育政策，减少邻近地区之间的基础设施重复建设现象。

四是完善重点城镇和特色城镇的保护制度，避免历史文化景观在城镇化进程中遭受破坏。

（三）以经营城市的手段来调控

经营城市是从政府角度出发，在市场经济运行的环境下，对城市的自然资源、基础设施、人文资源等进行市场化运营，实现资源的合理配置和优化利用，对完善城市功能和提高城市发展品质意义非常大。在新型城镇化道路上，经营城市的主体是市政府，市政府不进行直接经营与管理，而是通过市场进行资本运营，地方政府应该做的事情是逐步认识市场规律，顺势而为，吸取先进国家经营城市的前期经验，助推城镇化不断向前发展。因此，在新型城镇化道路上，将市场经济中的经营机制、经营方式转移到城市建设管理之中，对城市各种资源盘活存量、吸引增量、扩大总量。在政府主导下，吸纳民间资本参与城市建设和管理，包括城市公路与桥梁、公共服务设施、交通设施、城市养老机构等。实行"谁投资、谁收益"的原则，允许投资主体经营20年以后收归国有，以经营城市的方式实现效能最大化，进而提高城镇化质量。

（四）通过体制机制创新的手段来调控

在新型城镇化道路上，重点是改革现有的行政管理体制，创新体制机制。

一是提高城市管理水平，完善社会公共服务功能，推动数字城市建设，提高城市的信息化和精细化管理水平。

二是政府要注重非正规就业群体的特点，给予更多的扶持政策，促进灵活就业，年终对全国各级城市评估就业质量，亟须建立就业扶持与考核制度，评出全国就业最佳和谐城市、最佳创业城市和先进个人。

三是针对不同城市职能和发展阶段，包括资源型城市、新型旅游型城市、资源枯竭型城市、边境口岸城市、历史文化名城等，制定不同的考核体系，科学地评价城镇化质量。

四是国家应该出台奖励政策，在全国推行"最佳人居奖、和谐城市奖、低碳城市奖、绿色城市奖"等奖项的评价标准，对发展品质较高的城市予以奖励。

最后，将城市各项公共服务向农村延伸，统筹城乡发展，让现代城市文明向农村扩散与传播，让广大农村地区共享城镇化带来的文明成果，在推动城镇化进程中，推行最美乡村奖，促进城乡一体化，进而实现城镇化的真正目的——城乡一体化。

第二节　东北地区城镇化发展趋势分析

东北地区作为中国老工业基地，在中国具有非常重要的地位。近期，城镇化发展速度开始放缓。受传统计划经济思想的影响较大，通过上文对城镇化质量的测度结果可知，经济发展质量很低，城镇化的内生动力不足，在一定程度上是靠国家政策来推动城镇化。在《东北地区振兴"十二五"规划》中明确规定，[1] 到"十二五"期末，东北城镇化水平将达到60%，2020年城镇化水平达到65%。届时沈阳、长春、哈尔滨、大连4大核心城市的经济实力将会进一步发展壮大，资源型城市转型成效明显，环境污染逐渐得到治理，新型城镇化与农业现代化协调发展，区域之间密切协作，对内搞活和对外开放程度逐渐增强，让城镇化逐步惠及东北地区全体人民。

一、城镇化水平虚高逐渐改善

首先，东北地区有多个农垦区、林业、矿业型城镇和行政中心城市，近期受资源枯竭和产业衰退的影响，原有老工业基地的明显优势已不复存在，城市发展需要产业转型，为提升城镇化质量带来很大的障碍。随着国家振兴东北老工业基地的各项扶持政策的落实，为东北地区城镇化发展注

---

① 国家发展和改革委员会．东北振兴"十二五"规划，2012.

入了新动力，将会带动城市经济实力的提升，消除城镇化"虚高"的现象。

其次，将东北地区的城镇化质量与全国各地区进行比较时，东北地区整体上处于中等水平，落后于东部沿海省份，相比"珠三角"、"长三角"、环渤海地区，还存在一定的差距，在短期内缩小差距是不现实的，需要经过长时期的发展才能进一步缩小差距。在新型城镇化进程中，不能再盲目追求城镇化发展速度，重点是提高发展品质。

二、城乡一体化进程逐渐加快

城乡一体化是城镇化的最高形态，缩小城乡二元结构是城镇化的主要目的，按照"工业支持农业、城市反哺农村"的发展理念，坚持城乡统筹发展的指导思想，逐渐提高东北地区的城镇化质量，建立城乡一体的现代产业体系，吸纳更多的城市人口就业。随着城乡一体化进程的不断加快，连接城乡之间的污水处理设施、城乡之间的物流商贸平台、垃圾无害化处理设施逐渐完善，惠及城乡的社会保障制度和全民医保制度将会惠及城乡广大人民。在未来一段时间内，注重城镇化质量是时代发展的主旋律，缩小城乡二元结构和加强城乡之间的经济联系势必显得尤为紧迫。

三、城市群逐渐形成，聚集效应更加明显

城市群是城市发展到成熟阶段的高级空间组织形式，可以促进区域形成具有聚集效应和扩散效应的多核心、多层次、功能与布局合理的大都市区的联合体。东北地区依据现实情况，在"哈大经济走廊"构建起城市带，使其成为东北地区重要的经济引擎。2009 年，国务院批准《辽宁沿海经济带发展规划》和《中国图们江区域合作开发规划纲要》。2011 年批准《沈阳经济区新型工业化综合配套改革试验总体方案》等战略性规划，将东北地区城市群建设上升为国家战略，为东北地区的城市群建设带来千载难逢的机遇。未来东北地区将构建起"三群一带"。"三群"为在"哈大经济走廊"上重点建设哈大齐城市群、吉林中部城市群、辽中城市群，"一带"为辽宁沿海经济带。目前，在"哈大经济走廊"上有 31 座大中

小城市，平均35.5公里就有一座城市，人口超过100万人以上的大城市共有7座。建立城市群的基础已经具备，沈抚同城化、长吉一体化等正在加速推进。到2020年，"哈大经济走廊"和辽宁沿海经济带的城镇化水平将达到70%以上，在城镇化的带动下，三大城市群的实力将会不断发展壮大，必将成为东北经济区的经济高地。

四、新型工业化与新型城镇化实现协调发展

工业化是城镇化的直接动力，城镇化为工业化提供载体，工业化和城镇化两者相互促进、相互影响。

首先，东北地区作为中国老工业基地，2003年，国务院提出振兴老工业基地战略，经过10年的发展，在新型工业化的作用下，东北地区资源型城市转型、老工业区改造等问题逐渐得到破解。目前，东北地区新型工业化水平还有待提升。

其次，东北地区的城镇化发展速度逐渐放缓，在国家宏观政策的指导下，伴随新型工业化的进程，发展新兴产业和第三产业，将产业向园区集中、人口向城镇集中，促进土地集约利用。使东北地区的技术、知识、信息、人才优势等方面的潜在优势转变为现实的经济优势，形成较高的经济效益，发挥城镇的辐射带动力，逐步让工业化和城镇化走上协调发展之路。

五、东北地区多个小城镇将会不断发展壮大

改革开放以后，由于东北地区的农村城镇化动力不足，加之东北老工业基地的产业衰退。在城镇化进程中，城镇建设规模、基础设施、城镇面貌、经济实力和社会主义新农村建设速度相对缓慢。进入21世纪以后，东北地区开始注重小城镇的发展，已经有相当一部分小城镇开始兴起，乡镇企业集中连片布局，发展速度比较快，解决了农村剩余劳动力就业问题，促进农村市场经济不断发展壮大，同时成为东北地区经济发展的新增长极。

目前，已形成多个产业加工型小城镇、旅游型小城镇、农垦和林业型

小镇，商贸市场型小城镇。在新型城镇化道路上，将把小城镇作为重要的增长极，给予更多的优惠政策，对其产业加以扶持，使其成为大城市和农村连接的桥梁和纽带，成为新型城镇化进程中的重要节点。对于提升地区城市的发展品质，缩小城乡二元结构的意义非常重大。

第三节　提升东北地区城镇化质量的路径与策略

一、东北地区城镇化质量的调控路径

（一）提升四大核心城市发展品质，实现健康城镇化发展目标

沈阳、大连、长春、哈尔滨4个副省级城市的人口城镇化速度开始放缓，从全国角度讲，东北地区四大核心城市的城镇化质量相对较低，未来城镇化进程中，应该以提升城镇化质量为主线，具体调控路径如下：

第一，在城镇化进程中，大连、沈阳、长春、哈尔滨的城市发展由中心集聚向外围扩散，郊区化趋势非常明显。

未来城镇化进程中，由国家和地方政府制定相关发展规划，严格控制城市"摊大饼式"蔓延，主城区实行"退二进三"战略，带动周围地区经济不断发展壮大。中心城市的核心地带主要发展服务业，打造高品质的生活环境，提升市内居住环境质量，提升养老、教育、医疗等社会化公共服务品质，增加城市绿地面积，开拓更多游憩空间，为城市居民打造舒适的生活空间和居住环境。

第二，促进产业升级，在新型城镇化道路上，建议政府加快产业转型升级，以发展科技密集型产业和劳动密集型产业为主，对中小企业加大支持力度，解决更多的农村人口就业问题，增加居民的经济收入。建议政府出台多项政策加快建设保障房和棚户区改造，让更多的居民拥有稳定的住房，在促进经济发展的同时，应该更加关注民生投入力度，真正实现"以人为本"的城镇化。另外，加大环境整治力度，关闭落后产能，促进区域内环境协调管理。

第三，大连、沈阳、长春、哈尔滨4个副省级城市作为东北地区的核心城市，应该进一步加大开放力度，加强与更多东北亚国家的交流，提高东北地区的开放水平。

同时，发挥国际和国内的交通枢纽作用，促进物流、人流、信息流等加速运转，成为东北地区对外交流的平台。

第四，在新型城镇化道路上，大连、沈阳、长春、哈尔滨四大核心城市的经济、文化、教育、医疗等社会性服务功能比较先进，逐渐将城市功能向外围地域和农村地区延伸。

沈阳加速沈抚同城化，长春与周边外五县加强经济联系，哈尔滨都市圈也正在加紧整合，大连加快实现全域城镇化战略。按照层级递进的发展模式，核心区必须带动外围区的社会经济发展水平不断地提高，将过去的大城市与周边地区的"空间剥夺"逐渐转变为"空间援助"，打破区域间的行政壁垒，逐渐与周围地区实现一体化和同城化，实现新型城镇化的基本目标，提高城镇化质量。

（二）提升周边城市的综合实力

在新型城镇化道路上，大庆、营口、鞍山、辽阳、盘锦、吉林、抚顺、本溪、锦州9个区域性中心城市，依附在东北地区四大核心城市的周边。虽然城市经济基础比较雄厚，但是城镇化质量比较低。下一步调控目标：

一是要完善城市功能，加强与核心城市的产业对接、基础设施对接、制度对接，减少行政壁垒，充分利用核心城市的辐射带动作用，提升城镇化质量。

二是在城镇化进程中，大庆等9个地级市，宏观上做好城市规划，微观上要进一步加大城市基础设施建设的投入力度，提升城市综合服务功能，改善人居环境，将提高城镇化质量放在首位。

三是加速推进新型工业化进程，加快产业转型升级，淘汰落后产能，促进经济不断发展壮大。加大招商引资力度，激活经济发展的动力，为提升城镇化质量增加新动力。

四是以上9个地级市属于东北老工业基地的加工型城市和资源型城市。新中国成立以后，为国家经济发展做出了巨大的贡献，但由于工业污染和产业发展需要转型或升级，建议国家给予更多的专项扶持基金，进行环境治理和完善基础设施，将经济发展推上一个新台阶。

（三）加大对低质量的地级市的支持力度，规避"低质量城镇化"的风险

在新型城镇化道路上，提高城镇化质量已经成为东北地区城市发展的新坐标。通过测度得知，在东北地区 34 个城市中，有 21 个地级市处于第三层级和第四层级，部分地级市的城镇化率很高，但是城镇化质量很低。在新型城镇化道路上：

一是放慢城镇化速度，完善城市基本功能，加强资源的集约利用，走内涵式的城镇化发展道路。

二是实行对口支援政策，要求省内经济发展实力强的地级市对口支援经济相对落后地区的城市建设，通过基础设施对接、产业援助、物流联动和区域环境协同治理，提高经济相对落后地区的经济发展水平、人居环境质量、社会公共服务品质。

三是经济相对落后地区多数处于省际交界地区和边境地区，"半城市化"现象非常明显。避免"半城市化"影响东北地区整体实力的提升。建议国家和省级政府加大对城镇化质量落后地区的财政转移力度，留出专项建设资金，扶持经济相对落后地区提升城市发展品质。

四是在城镇化发展过程中，改变以往等、靠、要的发展观念，将往日的"输血"变为"造血"，城镇化质量较低的地级市必须依托资源优势，发展壮大县域经济和民营经济，增加城镇化的内生动力，为城镇化发展增添活力。同时，在新型城镇化道路上，依据地区发展条件，根据现有的产业基础，创新体制机制，加大招商引资力度，利用外商投资和国内先进地区的技术和资金，以此来改变以往落后的发展状态。

二、提升东北地区城镇化质量的策略

（一）加大对城市群的整合力度

沈阳、大连、长春、哈尔滨四大核心城市在东北地区经济发展过程中

起到一定的带动作用，四大城市群的规划早已形成，城市群内部的城镇数量、规模、职能分工等也逐渐明确。目前，与周边城市正在进行基础设施整合。中心城市的服务功能和经济活动开始向周边城市延伸，打造城市之间的节点城镇，使其不断发展壮大，成为疏散人口和产业转移的承接地。上述四大核心城市在东北亚地区具有一定的影响力，在推进城镇化进程中，通过发挥区位优势和资源优势，提升城市管理水平，不断壮大城市群的整体实力。

一是沈阳属于东北经济、金融、文化教育、交通枢纽、商贸中心，在区域发展过程中，起到一定的引领作用，目前与抚顺、铁岭、阜新、鞍山、营口等正在打造城市群。

二是大连以港航立市和产业立市为基本战略，加速打造东北亚国际航运中心和东北地区的金融中心，造船、软件、现代化农业、旅游业不断发展壮大，促进东北地区对外开放具有很强的带动作用。

三是长春是全国汽车产业制造基地，是长吉图开发开放先导区的腹地，在未来发展过程中，与周边城市松原、四平、吉林、辽源加强经济联系，打造吉林省中部的经济组团，在图们江开发上发挥引领作用。

四是哈尔滨在东北亚地区具有很强的影响力，加强与大庆、齐齐哈尔的经济联系，以此增强哈大齐城市走廊的综合实力。

（二）加强区域之间的资源整合

由于行政区域壁垒的限制，东北三省与蒙东地区区域联系还不密切，加强与蒙东地区之间的经济联系显得非常迫切。

首先，由于东北地区多个城市面临资源枯竭，加强与蒙东地区资源合作开发，在合作开发过程中，带动公路、铁路等交通基础设施建设。

其次，加强区域之间的产业联动，包括高新技术向外围城市转移与扩散，促进物流业、文化创意产业、汽车产业与石化产业联动。

再其次，借助东北地区丰富的旅游资源优势，开发多条精品旅游线路，组建旅游联盟和物流输送联盟，使旅游业不断发展壮大，促进更多的人口就业。

最后，整合陆港、港口、铁路、公路等运输方式，实行一地报关，集中出海战略。总而言之，打破东北地区内部条块分割的发展态势，将各种资源进行整合，构筑面向东北地区一体化的区域要素市场，使辽宁省、吉林省、黑龙江省和蒙东地区之间形成真正的一体化，以此来提升经济发展品质。

（三）缩小城乡二元结构，加快城乡一体化进程

东北地区多个外围中小城市的城镇化质量非常低，城乡二元结构非常突出，县域经济发展落后。

首先，应促进中小城市的县域经济不断发展壮大，提高农业现代化水平，解放出更多的农村劳动力来参与工业、服务业建设。

其次，应将城市服务功能不断向农村延伸，实行"工业反哺农业和城市支持农村"的发展理念，建设社会主义新农村，保护东北地区传统的村落，在推进城镇化进程中，完善村庄水泥路面硬化、供水设施、垃圾处理设施、村庄游憩广场、农家书屋等，避免出现"城市像欧洲，农村向非洲"一样的场景。

最后，应建立城乡一体化的土地流转交易平台，明确农村人口的土地确权，免去进城人口生活和社会保障的后顾之忧。加大对农村"新农合"大病保险和养老保险的支持力度，让农村人口和城市人口在医疗和养老等方面享受一样的待遇，提高居民幸福指数。

（四）加大对资源型城市转型的扶持力度

东北地区共有 30 个资源型城市（见表 6-1），国家发改委确定阜新、大庆、伊春、辽源、白山为资源转型试点城市，阜新在经济转型过程中已经初见成效，其他试点城市都已确定经济转型的发展方向，接续替代产业正在发展壮大。伊春市的林权改革试点工作已经批准并启动。以上资源型转型城市在原有发展基础上，必须完善城市基础设施和增强社会服务功能，加强对资源型城市塌陷区的综合治理，通过制订土壤恢复方案，对各类资源型城市塌陷区的治理出台时间表和治理路线图，将矿区的人口逐渐向外转移，把生活区和生产区分离。需要对棚户区进行集中改造，建设更多的廉租房和公租房，让"居者有其屋，劳动者有其业"，实现矿区和谐发展。

表 6-1　　　　　　　　　　东北地区资源枯竭型城市

省份	第一批	第二批	第三批
辽宁省	阜新、盘锦	抚顺、北票、辽阳市弓长岭区、葫芦岛杨家杖子、葫芦岛南票区	
吉林省	辽源市、白山市、	舒兰市、九台市、敦化市	通化二道江区、延边州汪清县
黑龙江省	伊春市、大兴安岭地区	七台河、五大连池	鹤岗市、双鸭山市、逊克县、爱辉区、嘉荫县、铁力市

资料来源：根据国家发改委公布名单整理。

（五）推进"三化"协调发展

1. 促进"再工业化"战略与新型城镇化战略协调发展

东北地区作为中国老工业基地，由于资源枯竭和资金、技术问题，出现了新的"东北现象"。原有的工业化推进城镇化动力显得非常薄弱。为了促进新型城镇化与工业化协调发展，实施"再工业化"战略，重点以先进装备制造业、优先发展原材料加工业，积极发展特色轻纺工业，培育战略性新兴产业，包括电子、动漫、光电子、生物医药等，延长产业链条，完善产业配套体系，加大力度打造具有东北特色的产业集群，积极发展县域经济，对东北振兴起到一定的引领带动作用，促进新型工业化与新型城镇化协调发展。

2. 推行农业现代化促进新型城镇化

东北地区已经成为国家商品粮基地，多个畜禽产品加工区和农业现代化示范区实力比较雄厚，借助东北地区农业的雄厚实力，促进当地农业产业向现代化升级，这是新型城镇化的核心内容，更是提高农村城镇化质量的又一途径。

一是为农业科技发展创造条件，加大扶持力度。

二是建立农产品交易平台，利用东北地区农博会等大型展览会，扩大东北地区农产品影响力。

三是结合小城镇发展特点，选择重点城镇，建立农产品销售网点，促进农产品、农资等交易。

四是加强科技创新，支持建设农业科技园区，将农业生产技术不断向外推广。

五是积极推进农垦区、林区城镇化进程，在农垦区打造绿色城镇、农业示范城镇，完善农垦区的城镇服务功能，提高农垦区的城镇化质量。林区以木材资源加工和护林、育林为主导产业，建立林业型小镇，利用地区资源，发展林产品加工和旅游业。

（六）加大对内搞活和对外开放力度

在党的十八届三中全会以后，将对内搞活和对外开放作为中国经济发展的新思路。东北地区毗邻俄罗斯、朝鲜、蒙古国，与日本和韩国隔海相望。利用现有的区位优势，加大对外开放力度，提高经济发展质量。

首先，在边境地区实现特色城镇化战略，发挥边境城市的口岸枢纽作用，加快国际大通道、口岸、航空等基础设施的建设速度，促进边境城市与核心城市加强联动。加速辽宁沿海、吉林省和黑龙江省沿边的开放力度，支持满洲里、黑河、绥芬河、珲春、图们、丹东、大连等边境城市发展对外贸易，在有条件的地区建立自贸区。

其次，应通过各种途径搭建经济合作平台，为区域经济发展创造条件。东北振兴已经取得了一些成果，但是在发展过程中产能过剩问题非常严重。国务院已将振兴东北老工业基地纳入"三大新的经济支撑带"，面对以上机遇，东北地区在对外开放时，必须重视对内搞活，东北三省和蒙东地区通过各种途径搭建经济合作平台，为区域经济发展创造条件。利用辽宁沿海经济带、沈阳经济区、长吉图开发开放先导区、"哈大齐经济走廊"等国家级战略，打造内陆型经济发展高地，提升新型城镇化质量。

（七）改革城市行政管理体制

1. 更加关注民生问题

在城市运行和行政管理上，通常政府布置城市规划、城市管理、社会保障、教育、医疗、户籍改革、土地流转等事宜。在以往城镇化进程中，很少了解居民意愿，出现很多问题。在新型城镇化道路上，在坚持"以人为本"的前提下，多了解农民的真正意愿与诉求，重点解决居民的核心问题，包括住房、养老、土地流转、就业等问题。

在未来的发展过程中，要以提升东北地区人民的幸福指数作为城镇化发展的价值取向，走出一条符合东北地区实际，文明、宜居、承载力强和符合可持续发展的新型城镇化道路。

2. 建立高效服务型政府，提高城市管理水平

城市发展要与产业发展相协调，必须构筑亲商、公平、诚信、高效的服务型政府，为东北地区的经济快速发展保驾护航。在城市管理和规划过程中，宏观上以政府引导、社会参与方式为基本原则，实施新的城市管理方式，政府制定各地区的发展战略和区域发展规划，规划要突出前瞻性。微观上引入社会资本和管理单位参与城市的基础设施建设，进一步完善城市综合服务功能，改善城市产业发展环境和居民生活环境。从新中国成立到现在，由于东北老工业基地城市建设欠账太多，在新型城镇化道路上，应进一步完善城市内部绿地、休闲、教育、医疗、供水、供电、供热、垃圾无害化、污水处理、通信、交通运输体系、防灾减灾等基础设施，增加城市的宜居性，提高城镇化质量。

（八）加强资源的保护

1. 加强水源保护

目前，由于东北地区城市生活用水非常紧缺，必须加强水资源保护。提高水的利用效率，提倡全民节水行动，推行各项节水措施，出台节水奖励机制。利用经济、法律和行政手段，控制水污染。重点保护松花江、辽河流域的水源，实现可持续发展。

2. 保护农村耕地资源

东北地区作为中国重要的商品粮基地，在城镇化进程中，推行农业产业化经营机制，为城市和新农村建设夯实基础。

一是确保粮食丰收，重点保护东北地区的优质黑土地。

二是严格控制城市规模的无序蔓延现象，提高土地利用效率。

三是保护好滨海、湿地等资源，重点是保护好辽宁沿海地带、三江平原保护区、齐齐哈尔扎龙湿地、查干湖自然保护区、向海自然保护区、长白山自然保护区等。

四是加大对废弃工农生产用地的治理和旧城改造力度，实现区域可持续发展。

3. 加强历史文化资源的保护

东北地区具有悠久醇厚的历史文化资源，历史文化遗迹和遗址众多。

新中国成立以后，重工业和矿产资源开发厂址非常多。但以快速工业化为重要标志的城镇化是社会经济发展的主要趋势，给城市文化遗产保护和发展带来巨大的冲击。在城镇化进程中，既要保护好历史文化遗迹，又能发扬城市的特色与魅力，已经成为城镇化进程中必须面对的问题。

鉴于此，东北地区各级政府在制定城市发展规划时，必须注重保护历史文化遗产，不能千城一面和盲目跟风，树立"保护历史文化遗产就是最大政绩、保护历史文化遗产就是保护生产力"的发展观念，正确处理城市建设与文化遗产保护的关系，推动城市文化建设，形成历史文化与现代城市文明共生的发展态势。

本 章 小 结

在未来城镇化进程中，提升东北地区的城镇化质量，对于振兴中国老工业基地具有重要的现实意义。本章主要讨论了新型城镇化道路上，提升城镇化质量的机制与策略。

首先，提出城镇化质量的调控体系，包括调控目标、调控机制、调控手段。

其次，概括了东北地区城镇化发展趋势，即东北地区城镇化质量与东部沿海地区的差距将会持续存在，城乡一体化逐渐加快，城市群将会不断发展壮大，新型工业化与城镇化协调发展等。

最后，根据不同层级城市的发展品质和面临的问题，提出提升城镇化发展质量的调控路径和策略。

第七章

结论与展望

　　城镇化是一个复杂的系统工程，涉及人口、经济、社会、生态等多项内容，更是中国现代化进程中的核心问题。因此，城镇化既是理论问题，又是实践问题。本书以区域经济地理学理论为基础，结合新型城镇化的发展理论，在坚持"以人为本"的前提下，对城镇化发展的价值取向展开讨论。在此基础上，对东北地区城镇化质量进行评价，为各级政府正确认识城市发展品质和确定城市发展走向提供参考依据。

一、研究结论

　　（一）在梳理和归纳城镇化与城市化概念的基础上，对城镇化质量的内涵与特征进行界定与分析，本书认为，城镇化质量是城镇化进程中经济结构（部门和空间结构）更加合理，空间载体（城市空间和基础设施）能够高效运转，制度和政策（教育、医疗、户籍）比较公平，居民素质和城市文明逐渐提升、城市环境（社会环境和生态环境）更加和谐等多个子系统要素在数量上的综合集成，称为城镇化质量。城镇化质量具有地域性、相对性、抽象性、综合性等四大特征。

　　（二）对城镇化的本质分析以后，结合国外城市化发展经验和中国城镇化发展的现状，明晰城镇化是一个自然历史过程，不是急功近利追求的结果。

　　在此基础上，分析了中国城镇化进程中出现的各种问题，提出中国新型城镇化发展的价值取向：即"人"是城镇化的基本内容，城乡一体化是城镇化的基本目的，健康城镇化是基本保障。

　　（三）从鸦片战争开始，东北地区开启了城镇化进程，随着铁路的兴建和矿业开发，一批城市不断发展壮大，城市体系逐渐完善。

新中国成立到改革开放，东北地区的城镇化经历了波动起伏等几个阶段。改革开放以后，东北地区城镇化速度开始放缓，城镇化取得了明显成效，但是也存在诸多不利因素。

（四）以东北地区各级地域单元为评价对象，从区域和全国两个视角对东北地区城镇化质量进行对比与评价。结论如下：

首先，在东北地区 34 个城市中，依据城镇化质量得分判定沈阳处于后期完善阶段，大连、长春、哈尔滨处于优化提升阶段，营口等 10 个地级市处于加速提升阶段，葫芦岛等 20 个地级市处于低质量发展阶段；东北地区城镇化空间分异特征表现为：

辽宁省南部多个城市的城镇化质量较高，黑龙江省北部多个地级市的城镇化质量较低，"哈大经济走廊"沿线地级市的城镇化质量较高，外围城市明显较低，形成了"南高北低，中间高、外围低"的空间分异特征；在分析东北地区子系统的城镇化质量时发现，辽宁省属于经济导向型城镇化；吉林省属于社会导向型城镇化；黑龙江省属于空间导向型城镇化；从城镇化协调发展类型看，大连、沈阳、长春属于质量超前型；哈尔滨、大庆为速度与质量协调型；鞍山等 18 个地级市为质量滞后型，邻近"过度城镇化"的界限；朝阳等 11 个地级市为质量过度滞后型，存在"过度城镇化"的风险。

其次，将东北地区与全国各级地域单元进行比较，在 31 个省区市中，东北地区城镇化质量明显低于东部地区。

辽宁省处于第二层级，吉林省和黑龙江省处于第三层级。将东北三省与江苏、广东、山东、浙江等省进行比较，东北三省与国内先进省份差距比较大，尤其是经济发展质量明显偏低；在全国 15 个副省级城市中，东北地区 4 个副省级城市中的沈阳处于中等发展水平，大连排名第十，长春和哈尔滨处于末端。将东北地区的副省级城市与广州和深圳进行对比，经济发展实力较差，提升城市化质量的内生动力不足，社会服务功能相对较差，城市功能相对滞后；在全国 267 个地级市中，大庆和鞍山两个地级市处于第二等级；营口等 8 个地级市处于第三层级；辽源等 8 个地级市处于第四层级；鸡西、朝阳、葫芦岛、黑河、松原、鹤岗、伊春、双鸭山、白山、七台河、绥化、白城 12 个地级市处于第五层级和第六层级，以上 12

个地级市在全国排名比较靠后，同时，以上 12 个地级市的城镇化质量在东北地区也处于低质量发展阶段，进一步验证以上 12 个地级市是中国经济相对落后地区，必须加以重视和扶持。

（五）从政府、市场、个人等角度论述了城镇化质量层级形成的动力体系。

利用聚类分析法，将东北地区的 34 个城市城镇化质量划分为四个地域层级：第一层级为核心城市区，第二层级为周边城市区，第三层级为外围城市区，第四层级为边境城市区，并分析了每个层级内部的地域特征。最后，从经济地理学角度探讨了东北地区城镇化质量地域层级形成的内在机理。

（六）在新型城镇化道路上，促进城镇化健康有序发展成为中国未来经济社会发展的一项重大任务。

根据当前城镇化发展现状，提出新时期城镇化的调控体系，包括调控目标、调控手段、调控机制。对东北地区的新型城镇化发展趋势进行展望，东北地区的城镇化质量与经济相对发达地区的差距仍然存在；多个城市群将不断发展壮大，城市聚集效应更加明显；新型工业化、农业现代化和城镇化将会协调发展；城乡一体化不断加速推进。最后，根据东北地区城市化地域层级提出促进城市化质量升级的调控路径和对策。

二、主要创新点

笔者以区域经济学理论和其他相关理论为基础来研究城镇化质量等问题，属于有益性的尝试。主要目的是为揭示区域城镇化的发展方向、评价城镇化的发展品质和地区之间存在的差距。具体有以下几点创新：

（一）在归纳梳理国内外城镇化发展经验以后，初步提出新型城镇化发展的价值取向。明确城镇化发展的价值取向以后，为中国新型城市化健康有序地发展指明了发展方向。

（二）从全国和区域的两个视角对东北地区城镇化发展品质进行了对比与评价，揭示东北地区城镇化品质在区域内和全国范围内两个层面所处的等级，分析与先进地区存在的差距，为各级政府正确评价本市的发展品质提供一定的借鉴与参考。

（三）揭示东北地区城镇化质量地域层级的发展规律，在此基础上分析每个层级地域特征和产生的机理，对提升城镇化质量具有重要的指导意义。

三、研究不足与未来展望

（一）存在的不足与展望

1. 理论分析与实证研究衔接不够

在新型城镇化背景下，对城镇化质量进行系统地研究是一个全新的问题，更是一个复杂的问题，涉及多个学科和多个领域。由于笔者对基础理论掌握得不够扎实，对测度结果没有充分结合区域发展情况做出完整的解释。在未来研究道路上，笔者将会深入研究区域城镇化，从根源上挖掘城镇化存在的问题。

2. 研究方法的更新

目前，对于城镇化质量的研究主要采用各种统计年鉴的数据，利用传统的数学模型进行测度，数学化色彩非常浓厚。在未来研究道路上，应该秉持地理学野外实践的传统，深入城市社区、政府机构进行调研和问卷调查，获取第一手资料，再进一步分析城镇化质量。

3. 缩小研究尺度，选取典型地域进行深入研究

由于数据获取难度较大，在选择地域范围时，仅从全国和省区市的角度对城镇化质量进行综合测度与评价，没有对县域城镇化质量进行深入研究，更没有从时间序列的角度对城镇化质量展开测度与评价，略显不足。在未来研究道路上，选取微观区域，根据不同地域和不同时段对区域内城镇化质量展开测度与评价，依据区域发展现状分析其存在的问题，为各级政府在制定城镇化发展战略时提供一定的理论支撑。

（二）研究的几点启示

1. 本书是在区域经济地理学理论指导下完成的，对东北地区的城镇化发展过程、发展质量进行综合分析。

由于借用学科理论较多，笔者在撰写本书过程中，涉及领域比较宽泛，在分析测度结果时，力求总结出其中存在的各种规律，但是只能从宏观上总

结出一般性规律，很难从微观细节把握要点。因此，在未来研究过程中，必须从微观细节上分析问题，是笔者在写作过程中得到的深刻体会。

2. 在对城镇化质量进行综合测度时，由于选用的方法和指标不同，得出的测度结果不能达到理想的效果。

在查询国内外各种文献以后，发现没有对城镇化质量制定一个客观的评价标准。目前，国内大多数学者在对城镇化质量进行测度时，只是用测度结果来评价城市发展品质。原因是城镇化质量不同于产品和服务质量，能通过顾客满意度来直接测评。因为城市建设需要更长的时间才能见到真正的效果，所以本书在对东北地区的城镇化质量综合测度与评价时，仅属于一个阶段性评价，没有对前期城镇化进行过多的探讨。因为在不同时期，城市发展的目标和出发点不一样，所以测度和评价没有太大的实际意义。

3. 在对城镇化质量研究过程中，笔者认为城市发展到一定阶段以后，城镇化质量是在人口、经济、社会、空间环境协调发展下形成的一种发展状态。

城镇化的目的是提高城市居民的生活水平，实现经济社会可持续发展。但是，当前在政府文件和学术界多次提到重视城镇化质量这一问题。由于没有搞清城镇化质量的概念、性质、特征，很难在现实中把握要点和指导实践。因此，唯有搞清城镇化质量的概念、性质、特征，才能为经济社会发展起到一定的指导作用。城镇化质量这一伟大命题，笔者将会在未来研究中继续探索。

参 考 文 献

[1] 白先春，凌亢，郭存芝．城镇化质量的综合评价——以江苏省13个省辖市为例．中国人口资源与环境，2004，14（6）：91-95.

[2] 白先春．我国城镇化进程的计量分析与实证研究．南京：河海大学博士学位论文，2004.

[3] 鲍超，方创琳．干旱区水资源对城镇化约束强度的时空变化分析．地理学报，2008，63（11）：1140-1150.

[4] 陈波翀．自然资源对中国城镇化水平的影响研究．自然资源学报，2005，20（3）：394-399.

[5] 陈才，黄馨，陈春林．论中国地域系统的协调与调控．地理科学，2010，30（3）：321-328.

[6] 陈才，杨晓慧，马廷玉．东北地区县域经济．长春：东北师范大学出版社．2006.

[7] 陈才．蒙东地区与东北三省区域整合研究．长春：东北师范大学出版社，2007.

[8] 陈才．区域经济地理学（第二版）．北京：科学出版社，2009.

[9] 陈才．区域经济地理学的学科理论与实践．北京：科学出版社，2010.

[10] 陈春林．地理学视角下的我国城市化理论架构与实证研究．长春：东北师范大学博士学位论文，2011.

[11] 陈计旺．地域分工与区域经济协调发展．北京：经济管理出版社，2001.

[12] 陈亮．近代东北区城镇化与工业化相互作用的过程分析．城市发展研究，2004，11（6）：28-31.

[13] 陈明星，陆大道，张华．中国城镇化水平的综合测度及其动力

因子分析．地理学报，2009，64（4）：387－398．

［14］陈明星，叶超．健康城镇化：新的发展理念及其政策含义．人文地理，2011（2）：56－60．

［15］陈秋杰．西伯利亚大铁路修建及其影响研究，长春：东北师范大学博士学位论文，2011．

［16］陈玉梅．加快东北地区城镇化进程应处理好几个关系．社会科学战线，2006（6）：68－73．

［17］陈占祥．雅典宪章与马丘比丘宪章述评．城市规划研究，1979（1）：11－12．

［18］仇保兴．全球视野下的城镇化模式思考．人民日报，2011－04－28（23）．

［19］仇保兴．新型城镇化：从概念到行动．行政管理改革，2012（11）：11－18．

［20］［日］稻田君山．清朝全史．长春：吉林出版集团，2011．

［21］董锁成．经济地域运动理论．北京：科学出版社，1999．

［22］樊纲，余晖．长江和珠江三角洲城市化质量研究．北京：中国经济出版社，2010．

［23］方创琳，刘晓丽，蔺雪芹．中国城镇化发展阶段的修正及规律性分析．干旱区地理，2008，31（4）：512－523．

［24］方创琳，王德利．中国城镇化发展质量的综合测度与提升路径．地理研究，2011，30（11）：1931－1946．

［25］方创琳．中国城市化进程亚健康的反思与警示．现代城市研究，2011（8）：5－11．

［26］方创琳．中国城市群可持续发展理论与实践．北京：科学出版社，2010．

［27］冯之浚．西部地区城镇化发展道路．杭州：浙江教育出版社，2003．

［28］高琳．西安市居住区郊区化研究．西安：西安建筑科技大学硕士学位论文，2010．

［29］高佩义．中外城市化比较研究．天津：南开大学出版社，1991．

［30］辜胜阻．中国城镇化的发展特点及其战略思路．经济地理，

1991, 11 (5): 22 - 27.

[31] 顾朝林, 汤培源. 城市化. 北京: 科学出版社, 2009.

[32] 顾朝林, 于涛方, 李玉鸣. 中国城市化过程、格局、机理. 北京: 科学出版社, 2008.

[33] 顾朝林. 中国城市地理. 北京: 商务印书馆, 1997.

[34] 郭克莎. 工业化与城市化关系的经济学分析. 中国社会科学, 2002 (2): 44 - 56.

[35] 国家城调总队福建省城调队课题组. 建立中国城镇化质量评价体系及应用研究. 统计研究, 2005 (7): 15 - 19.

[36] 国家发改委. 中国开发区审核公告目录 [R]. 2007.

[37] 国家统计局人口与就业司. 2010 年第六次全国人口普查主要数据. 北京: 中国统计出版社, 2011.

[38] 韩增林, 刘天宝. 中国地级市以上城市城镇化质量特征及空间分异差异. 地理研究, 2009, 28 (6): 1508 - 1515.

[39] 何一民. 清代东北地区城市发展与变迁. 四川大学学报, 2010 (5): 5 - 21.

[40] 黄顺江. 推进以人为本的城镇化. 人民日报, 2012 - 11 - 12 (07).

[41] 纪晓岚. 英国城镇化理论过程分析与启示. 华东理工大学学报, 2004 (2): 97 - 101.

[42] 姜妮伶. 中国东北地区城镇化发展研究. 北京: 经济科学出版社. 2009.

[43] 蒋涤非, 宋杰, 刘蓉. 健康城镇化的响应机制及指标体系——基于包容性增长的视角. 城市问题, 2012 (2): 15 - 20.

[44] 克里斯泰勒, 王兴中译. 德国南部中心地. 北京: 商务印书馆, 2010.

[45] 孔凡文, 许世卫. 论城镇化速度与质量协调发展. 城市问题, 2005 (5): 55 - 62.

[46] 邻艳丽. 东北地区城市空间形态研究. 北京: 中国建筑工业出版社, 2006.

[47] 李笔戎. 城镇化规律与中国城镇化发展战略基本问题探讨. 人

文杂志，1988，（4）：36－44.

［48］李惠国．当代韩国人文社会科学．北京：商务印书馆，1999.

［49］李津逵．中国：加速城市化的考验．北京：中国建筑工业出版社，2008.

［50］李林．中国城镇化质量差异与其影响因素研究．北京：中国农业出版社，2008.

［51］李明秋．城镇化质量的内涵及其评价指标体系的构建．中国软科学，2010（12）：182－186.

［52］李小建，罗庆．新型城镇化中的协调思想分析，文明的和谐与共同繁荣——回顾与展望论文集［C］，2013.

［53］李小建．经济地理学．北京：高等教育出版社，1999.

［54］李振泉．东北经济区经济地理总论，长春：东北师范大学出版社，1988.

［55］梁喜新．辽宁经济地理．北京：新华出版社，1990.

［56］梁振民，陈才，刘继生．东北地区城市化发展质量的综合测度与层级特征研究．地理科学，2013，31（8）：926－934.

［57］梁振民，陈才．中俄边境城市满洲里口岸经济发展战略研究．世界地理研究，2012，21（2）：98－104.

［58］梁振民．陈才．东北亚国际合作与东北第二条亚欧大陆桥建设研究．东北亚论坛，2012（5）：52－57.

［59］梁振民．我国东北地区城市化质量测度与评价——基于社会、经济、空间三维视角．北华大学学报（社会科学版），2013（4）：33－39.

［60］刘建国．中国城镇化质量的省际差异与其影响因素研究．现代城市研究，2012（11）：49－55.

［61］刘力钢．资源型城市可持续发展战略．北京：经济管理出版社，2006.

［62］刘士林．科学理解城镇化内涵．人民日报，2012－04－24（08）.

［63］刘维奇，郑玉刚．技术变迁对城镇化路径的作用机制研究．城市发展研究，2008（6）：26－31.

［64］刘艳军．我国产业结构演变的城镇化响应研究．长春：东北师范大学博士学位论文，2009.

[65] 刘耀彬. 城镇化与生态环境耦合机制及调控研究. 北京: 经济科学出版社, 2007.

[66] 刘耀彬. 城镇化与生态环境耦合机制及调控研究. 北京: 经济科学出版社, 2007.

[67] 卢守亭. 东北地区城市化发展历程新论. 辽宁师范大学学报 (社会科学版), 2010, 33 (1): 21-23.

[68] 陆大道, 姚士谋, 李国平等. 基于我国国情的城镇化过程综合分析. 经济地理, 2007, 27, (6): 883-887.

[69] 陆大道. 地理学关于城镇化领域的研究内容框架. 地理科学, 2013, 33 (8): 897-901.

[70] 陆大道. 关于遏制冒进式的城镇化和空间失控建议. 2006.

[71] 陆大道. 区域发展及其空间结构. 北京: 科学出版社, 1995.

[72] 马凯. 转变城镇化发展方式, 提高城镇化发展质量. 国家行政学院学报, 2012 (5): 4-12.

[73] 马晓冬. 基于 ESDA 的城镇化空间格局与过程比较研究. 南京: 东南大学出版社, 2007.

[74] 宁越敏. 新城镇化进程——90 年代中国城镇化动力机制和特点探讨. 地理学报, 1998, 53 (5): 470-477.

[75] 牛文元. 中国新型城镇化报告 2009, 北京: 科学出版社, 2009.

[76] 欧向军, 甄峰. 区域城镇化水平综合测度及其理想动力分析. 地理研究, 2008, 27 (5): 993-1002.

[77] 千庆兰. 中国边境城市. 北京: 商务印书馆, 2000.

[78] 曲晓范. 近代东北城市的历史变迁. 长春: 东北师范大学出版社, 2001.

[79] [日] 山田浩之. 城市经济学. 大连: 东北财经大学出版社, 1991.

[80] 宋玉祥, 陈群元. 20 世纪以来东北城市的发展及其历史作用. 地理研究, 2005, 23 (1): 89~97.

[81] 孙平军, 丁四保. 人口、经济、空间视角的东北地区城市化空间分异研究. 经济地理, 2011, 31 (7): 1094-1100.

[82] 王成新，姚士谋．我国城镇化进程中质与量的关系辩证分析．地理与地理信息科学，2003，19（5）：46－49.

[83] 王德利，方创琳，杨青山．基于城镇化质量的中国城镇化发展速度判定分析．地理科学，2010，30（10）：643－650.

[84] 王德利，赵弘，孙莉．首都经济圈城市化质量测度．城市问题，2011（12）：16－23.

[85] 王富喜，毛爱华，李赫龙．基于熵值法的山东省城镇化质量测度及空间差异分析．地理科学，2013，33（11）：1323－1329.

[86] 王富喜，孙海燕．山东省城镇化发展水平测度及其空间差异．经济地理，2009，29（6）：921－924.

[87] 王凯，陈明．中国城镇化的速度与质量．北京：中国建筑工业出版社，2013.

[88] 王荣成，赵玲．东北地区哈大交通经济带的城市化响应研究．地理科学，2004，24（5）：535－541.

[89] 王士君，宋飏．中国东北地区城市地理基本框架．地理学报，2006，61（6）：574－584.

[90] 王淑兰．历史地理视角下的辽代城市研究．长春：东北师范大学博士学位论文，2011.

[91] 王越．东北地区城镇化动力机制与调控研究．长春：东北师范大学硕士学位论文，2006.

[92] 王忠诚．城镇化质量测度指标体系研究——以我国直辖市为例．特区经济，2008（7）：32－33.

[93] 魏立华，闫小培．中国经济发达地区城市非正式移民聚居区——城中村的形成与演进．管理世界，2005（8）：48~57.

[94] 魏亚力．中国城市经营论．广州：中山大学出版社，2008.

[95] 魏冶，修春亮．煤炭城市转型中的社会空间结构．地理科学，2011，31（7）：850－857.

[96] 吴季松．新型城镇化的顶层设计、路线图、时间表．北京：北京航天航空大学出版社，2013.

[97] 吴友仁．中国城镇化道路．经济地理，1983，3（1）：77－79.

[98] 向建，吴江．城乡统筹视阈下的重庆新型城镇化的路径选择．

现代城市研究，2013，（7）：82－87。

[99] 肖金成．国外城镇化的经验与启示．时事报告，2013（4）：46－47．

[100] 谢楠．城镇化发展需建立评价指标体系．经济观察报，2013－2－25（16）．

[101] 谢文蕙．世界城镇化的进程．世界建筑，1983（1）：77－78．

[102] 新玉言．新型城镇化理论发展与前景透析．北京：国家行政学院出版社，2013．

[103] 邢建军．美国城镇化发展探析．长春：吉林大学硕士学位论文，2011．

[104] 修春亮，许大明．东北地区城乡一体化进程评估．地理科学，2004，24（6）：320－325．

[105] 徐建华．地理学建模方法．北京：科学出版社，2010

[106] 徐康宁．自然资源丰裕程度与经济发展水平关系的研究．经济研究，2006（1）：78－89．

[107] 许抄生．我国城镇化动力机制研究进展．城市问题，2007（8）：20－25．

[108] 许学强．中国城市化理论与实践．北京：科学出版社，2012．

[109] 杨蓉．甘肃城镇化质量差异研究．兰州：兰州大学硕士学位论文，2009．

[110] 叶裕民．中国城市化质量研究．中国软科学，2001（7）：27－31．

[111] 于涛，张京祥等．我国东部发达地区县级市城镇化质量研究——以江苏省常熟市为例．城市发展研究，2012（11）：7－12．

[112] 余晖．我国城镇化问题的反思．开放导报，2010（1）：96－100．

[113] 俞冰洋，王洋．从"快速城镇化"到"健康城镇化"——中国城镇化转型及"健康规划"初探．转型与重构——2011中国城市规划年会论文集，2011．

[114] 袁晓玲，王宵．对城镇化质量的综合评价分析．城市发展研究，2008（2）：38－41．

[115] 高云才. 城镇化是一个自然历史过程. 人民日报, 2013 - 12 - 23 (17).

[116] 张春梅, 张小林. 城镇化质量与城镇化规模的协调性研究. 地理科学, 2013, 33 (1): 16 - 22.

[117] 张国庆. 古代东北地区少数民族渔猎农牧经济特征论. 北方文物, 2006 (4): 56 - 63.

[118] 张平宇. 2008 东北区域发展报告. 北京: 科学出版社, 2009.

[119] 张平宇. 振兴东北以来区域城镇化进展问题及对策. 中国科学院院刊, 2013 (1): 39 - 42.

[120] 张同升, 梁进社. 中国城镇化水平测定研究综述. 城市发展研究, 2002, 9 (2): 36 - 41.

[121] 张勇. 河南省城镇化质量的实证研究. 西安: 陕西师范大学硕士学位论文, 2011.

[122] 张越, 韩明清, 甄峰. 对我国城市郊区化的再认识. 城市规划汇刊, 1998 (6): 6 - 9.

[123] 赵晓娜. 城镇化重点不是速度而是质量. 南方日报, 2013 - 03 - 26 (A14).

[124] 赵雪雁. 西北地区城镇化质量评价. 干旱区资源与环境, 2004, 18 (5): 69 - 73.

[125] 赵云平. 内蒙古产业集群战略. 北京: 经济管理出版社, 2010.

[126] 郑国. 城市发展阶段理论研究进展与展望. 城市发展研究, 2010 (2): 83 - 87.

[127] 郑文升, 李诚固. 1997 年以来中国副省级城市区域城镇化综合发展水平空间差异. 经济地理, 2007, 27 (2): 256 - 230.

[128] 钟秀明. 城镇化之动力. 北京: 中国经济出版社, 2006.

[129] 周乾松. 新型城镇化过程中加强传统村落保护与发展的思考. 长白学刊, 2013 (5): 144 - 149.

[130] 周叔莲, 郭克莎. 试论城乡经济关系问题的研究. 中国工业经济研究, 1993 (5): 51 - 56.

[131] 周一星, R. 布雷德肖. 中国城市的工业职能分类. 地理学报,

1988, 43 (4): 287 –298.

[132] 周一星. 城市地理求索. 北京: 商务印书馆, 2011.

[133] 周一星. 城市地理学. 北京: 商务印书馆, 1995.

[134] 周一星. 城镇化与国民生产总值关系的规律性探讨. 人口与经济, 1983 (1): 28 –33.

[135] Adam Smith. The Wealth of Nations [M]. Waking Lion Press, 2008.

[136] Bake P. How nature Works: the Science of Self-organized Criticality [M]. New York: Spriner-verlag, 2002.

[137] Berg L. V. D. A Study of Growth and Decline [M]. Oxford: Pergamon, 1982.

[138] Brian J. L. Berry. Comparative Urbanization [M]. Macmillan publisher's limited, 1973.

[139] Carla Freeman. Urban Revolution and Social Change in Contemporary China [J]. SAIS Review, 2009, 29 (1): 121 –127.

[140] Clark G. H. , Gertler M. Migration and Capital [J]. Annals of the Association of American Geographers, 1983, 73 (1): 18 –34.

[141] Ebenezer Howard. Garden cities of tomorrow [M]. London: Faber and Faber, 1946.

[142] Eliel Saarinen. The City, its growth, its decay, its future [M]. M. I. T. Press, 1965.

[143] Friedmann J. Four theses in study of China's Urbanization [J]. International Journal of Urban and Reginal Rasearch, 2006, 30 (2): 440 –451.

[144] Friedman. Regional Development Policy: A Case Study of Venezuela [M]. MIT: Press, 1966.

[145] Geddes Patrick. City in Evolution [M]. Williams & Norgate, 1915.

[146] Henderson J. V. Urbanization in China: Policy issues and options [R]. China Economic Research and Advisory Programmer, 2009.

[147] Henderson J. V. Urbanization in China: Policy issues and options

［R］. China Economic Research and Advisory Programmer, 2009.

［148］Henderson J. V. General Equilibrium Modeling of Systems of Cities ［J］. Handbook of Regional and Urban Economics, 1987 (11), 22 – 39.

［149］J. Timothy Beatley: Green Urbanism: Learning from European Cities ［M］. Island Press, 2000.

［150］J. W. , Tester. Sustainable Energy: Cnoosing among Options ［M］. US: MIT Press, 2005.

［151］James S. Municipal Powers, Land Use Planning, and the Environment: Understanding the Public's Role ［M］. Library and Archives Canada Cataloguing in Publication, 2005.

［152］Jean Gottmann. Megalopolis: the urbanized northeastern seaboard of the United States ［M］. MIT Press, 1964.

［153］Jiang Fang, Liu Shenghe. Measuring urban sprawl in Beijing with geospatial indices ［J］. Journal of Geographical Sciences, 2007, 20 (4): 469 – 465.

［154］J. H. Thunen. Von Thiinen's the Isolated State ［M］. Pergamon Press, 1966.

［155］Lewis Mumford. The City in history ［M］. Harcourt, Brace & World, Inc, 1961.

［156］Ludwig Von. Bertalanffy. General System Theory foundations, development applications ［M］. George brazils, inc, 1987.

［157］Meadows. The Limits to Growth ［M］. Chelsea Green Publishing, 2004.

［158］Miyao T. Dynamie Urban Models. Handbook of Regionaland Urban Eeonomics, Volume11, Elsevier Seienee Publishers, 1987.

［159］Northman. Urban Geography ［M］. New York: John Wiley & Sons, 1979.

［160］Peter Hall. Cities of Tomorrow ［M］. New York: John Wiley, 2002.

［161］Rachel Carson. Silent Spring ［M］. The Riversides Press, 1975.

［162］Rechard Register. Eco-city Berkeley: Building Cities for A Health

Future [M]. USA. North Atlantic Books, 1987.

[163] Robert Beevers. The Garden City Utopia: A Critical Biography of Ebenezer Howard [M]. London: Macmillan Press, 1988.

[164] Roger C. K., Yao S. M. Urbanization and sustainable metropolitan development in China: Pattern problem and prospects [J]. Geo. Journal, 1999 (49): 269 – 277.

[165] Sarin M. Urban Planning in the Third World [M]. London: Mensal Publisher Limited, 1982.

[166] Sun Pingjun, Song Wei. Non-coordination in China's Urbanization: Assessment and Affecting Factors [J]. Chinese Geographical Science, 2013, 23 (6): 729 – 739.

[167] Thomas More. Utopia [M]. Peking: Foreign Language Teaching and Research Press, 1998.

[168] UN – Habitat. The State of the World's Cities Report 2001 [M]. New York: United Nations Publications, 2002.

[169] United Nations Human Habitat. United indicators guidelines-Moitoring the habitat agenda and the minnennium development goals United Naitons Human Settlements Programme, [M]. New York: United Nations Publications, 2004.

[170] Wang D. L., Fang C. L., Measurement and Spatial-temporal Distribution of Urbanization Development Quality of Urban Agglomeration in China [J]. Chinese Geographical Science, 2011, 21 (6): 695 – 707.

[171] William Petty. Essays on Mankind and Political Arithmetic [M]. BiblioLife, 2008.

[172] Zhang K. H. & Song. S F. Rural – Urban migration and urbanization in China: evidence from time-series and cross section analyses [J]. China Economic, 2003, 14 (4): 386 – 400.

[173] Zhang K. H. What explains China's rising urbanization in the reform era [J]. Urban Study, 2002, 39 (12): 2301 – 2315.

后　记

　　本书是在本人博士论文《新型城镇化背景下的东北地区城镇化质量评价研究》的基础上经过修改而成的，同时是本人主持的中央高校专项科研基金项目"东北地区城镇化质量判定分析"的最终成果。本人从硕士研究生开始关注城镇化等相关问题，主要研究重庆三峡库区城镇化发展道路的相关问题。在读博士以后，深入研究了东北地区城镇化发展等相关问题，构成了近期学习与科研的主要内容。

　　时至今日，本书得以付梓，得益于东北师范大学荣誉教授陈才先生的指导与帮助。在读期间，陈先生每次的指导和不吝赐教都使我受益匪浅，是陈先生将我带入学术研究的殿堂，让我深刻理解了区域经济地理学的理论意义和实践价值。陈先生严谨的学术作风和诲人不倦的精神给我留下了终生难忘的印象，在此学生向陈先生表达崇高的敬意和深深的谢意。

　　本书在写作过程中，得到了东北师范大学地理科学学院刘继生教授的提携与帮助，没有刘老师无私的帮助，就没有我的今天，刘老师每次细致入微的指导，在面对汗水与恐惧的同时，我也收获了多份沉甸甸的成果。在此学生向您表达深深的谢意。

　　能够取得今天的成绩，感谢爸爸妈妈给予我的精神鼓励和物质支持。时至今日，爸爸妈妈已是60多岁的人了，本应该享受幸福生活，但爸爸妈妈每天还兢兢业业，尽力为我创造条件，让我安心读书，这是一生最大的幸运。目前，我应该到照顾父母的年纪了，妈妈身体不太好，每年几次短暂的见面，又匆匆离去。我没有为父母尽孝，每每念此都愧疚难安。在远方的姐姐给了我无微不至的关怀与鼓励，向您表达深深的谢意。

　　在本书完成过程中，感谢刘新智副教授、盛志君副教授、笪玲副教授、杨章贤博士、张国兵博士、尹鹏博士、郭付友博士、甘静博士、刘贺贺博士、阿荣博士、给予我的热情帮助。

本书得以顺利出版，得益于上海对外经贸大学会展与旅游学院全华院长、武增勇书记、郑冬子教授、刘少洋副院长的大力支持，得益于贵州大学旅游与文化产业学院李锦宏院长的热情帮助，得益于经济科学出版社王柳松编辑的热情帮助，在此一并致谢。

本书在完成过程中，由于本人学术水平有限，书中存在的不足和错误之处在所难免，恳请各位专家和读者给予斧正，在此先行谢意。

如果本书能对各位读者朋友有些许帮助，我将不胜荣幸。

梁振民

2015 年 11 月于上海对外经贸大学